重在如何「用」：

不焦慮人生的用錢法則

井上裕之

前言

許多人對「未來的財務狀況」感到不安

少子高齡化、勞動人口減少、通貨膨脹、低利率、對退休金的不安……。進入人生百年時代，越來越多人開始對「未來的財務狀況」感到不安。

而新冠肺炎疫情則更加深了不安的情形。

根據JAFP協會於二〇二〇年十二月發表的「生活與金錢相關意識調查」結果（調查對象：全日本20至60多歲男女。有效樣本數：3000人），可看出接受調查者中，約有6成的人「對未來的財務狀況感到不安」；而因新冠肺炎疫情導致收入減少的人中，對未來財務狀況感到不安的比例則高達8成。許多人都認為前景不明朗（二〇二一年九月）。

【對未來財務狀況感到不安人數百分比】

收入……66．6％

支出……59．6％

存款……62．9％

【收入減少且對未來財務狀況感到不安人數百分比】

收入……85．4％

支出……77．3％

存款……78．8％

雖說如此，我周遭卻沒有人對金錢感到不安。而我所認識的人當中，當然也有因新冠肺炎疫情加劇，而導致營業額和年收入降低的人。

在日本政府發布緊急事態宣言後，許多經營者都被迫面臨經營上的難題。
連牙醫都面臨患者減少而收入降低的問題（我的本業是牙醫）。
即便如此，我從未聽他們提過對未來感到不安。
我身邊的人，總是非常開朗且保持樂觀。
為什麼他們對金錢充滿安全感呢？
答案不是因為他們有存款，也不是因為他們灑脫地認為「未來的事未來再說」。
而是因為他們知道讓金錢持續流動的方法。

「對金錢充滿安全感的人」的共通點

「對金錢充滿安全感的人」，共通點就在於「比起賺錢，更懂得用錢」。
「對金錢充滿安全感的人」知道，
「用錢的方式比賺錢的方法更重要」。

「正確用錢，能創造出超越金額的價值」。
「金錢必須經使用，才會開始流動」。

比起將賺來的錢一股腦地存起來，更應該正確地用錢。只要正確用錢，就能賺進更多金錢。而「對金錢充滿安全感的人」的特徵，就是懂得製造「賺錢」和「用錢」之間的良性循環。

「正確用錢」就是將錢用在提升自我價值的事物上。

對金錢充滿安全感的人，會將錢用在以下5個類別上。

- **健康（飲食、睡眠、運動等）**
- **教育（職涯發展、提升技能、員工教育等）**
- **貢獻（社會貢獻、助人等）**
- **感謝（表達感謝之情、送禮給重要的人等）**

・**經驗（過去未體驗過的事、新的挑戰等）**

將錢用在以上五點，將能促進「自我成長」，建立「好的人際關係」。最後將「收穫更多金錢」。

過度節省、儲蓄，反而會使人變窮

為了消除「對未來財務狀況的不安」，許多人會選擇「節省」和「儲蓄」。

而日本人又以節約意識高出名。

根據朝日集團控股公司在二〇一八年實施的問卷調查結果，超過9成的人表示自己「有刻意重視節省」、「還算重視節省」。

可以看出許多人都過著節省的生活。

而之所以擁有節省意識，最大的原因就是「對老年生活感到不安」。

我也非常贊成為減少對老年生活的不安而節省（增加儲蓄）。存款能減輕我們的不安，讓我們能更放心地過「現在」的生活。由於不知道未來有什麼事在等著我們，若完全沒有儲蓄，就無法保護自己和重要的人。從人生的風險管理觀點來看，儲蓄是必要的。

但其實**過度節省與儲蓄，反而會使人變窮**。

即使犧牲人生的樂趣增加了存款，等我們變成銀髮族時卻無所適從、沒有家人、朋友一起生活、不知該如何用錢，反而將使人生更孤單難耐。

有存款也許真的能減少對金錢的不安。但卻無法減少孤獨、匱乏、空虛感等「對人生的不安」。

㊎節省有分「好的節省」和「壞的節省」

雖說如此，節省也不全然是壞事。節省有分「好的節省」和「壞的節省」。

・好的節省

為了做「想做的事」，而省去「不一定要做的事」的節省方式。這麼做並非單純減少開支，而是能透過減少不必要的事，提高生活品質。

・壞的節省

會降低生活品質，以及刻意忍耐的節省方式。漫無目的，只是盲目存錢的狀態。

「不花錢在沒有意義、沒有價值的事物上。」

「把錢放心花在必要的事物上。若沒必要則一毛不花。」

就是我的節省方式。

不應為心踩煞車

日本一直以來都將儲蓄看作一種美德。養成了許多以節約為考量的生活習慣。但節約的習慣也是一種忍耐的習慣。而忍耐其實是一種為心踩煞車、限制行動的作法。

當我們長期為心踩煞車，就會喪失動力，不再想提升及發揮自己能力。不斷忍耐之下，將使你難以找到沈醉的事物，削弱想望的能力。

「因為我沒錢，所以做不到」

「我想存錢，所以我不花錢」

不斷放棄的結果就是養成「放棄自己想做的事」、「壓抑慾望」的習慣。

我們的確應該減少浪費。

但花錢本身並非一件壞事。

金錢是充實人生的工具。

人生百年時代，考驗我們花錢的方法

二〇二二年度起的日本高中新學習指導要領中規定，必須在家政課程中教導「資產形成」的知識。

除了教導學生股票、債卷、投資信託等基本金融商品的特徵之外，也希望學生能思考「資產形成對將來的重要性」。

日本文部科學省的「高等學校學習指導要領解說【家庭篇】」中提及：

「制定生涯經濟規劃時，除了籌措教育資金、購入住宅、為老年做準備之外，還必須因應意外、疾病、失業等風險。讓學生更了解資產形成，多方了解儲蓄、個人保險、股票、債券、投資信託等基本金融商品的特徵（優、缺點）。」

所謂的資產形成，其實就是「賺錢」。

我也認為必須讓未來的主人翁理解「必須執行資產形成，以為將來做準備、必須了解金融商品的相關知識、可以利用工作之以外的方法增加金錢」等資訊。

但是面臨人生百年的時代，比起如何賺錢，我認為「如何運用賺來的錢」其實更為重要。

比起賺錢及省錢的方法，我們更必須學會**「用錢的方法」**。

・該如何成為「不會為錢所困的人」？

・金錢真正的作用到底是什麼？

・為什麼「花錢」比「賺錢」和「存錢」重要？

・該如何取得「賺錢」、「存錢」、「花錢」之間的平衡？

・該將錢用在哪裡，又該怎麼使用，才能讓錢滾錢？

你將在本書找到答案！

為了達成自己的理想，以及從對經濟狀況的不安全感中解脫，希望大家一定要學會正確的用錢方式。

第2章

讓錢「循環」，進而增加

第3章

讓人生更自由的金錢使用方式

第4章

「不會為錢所困的人」的思考方式

第1章

你會將錢用在什麼事物上呢？

在金錢交易背後的意義，是「感謝」

「錢」到底是什麼東西呢？

而錢到底有什麼作用（功能）呢？

金融、經濟業界認為金錢有3個作用（功能）。

那就是「標準」、「交換」、「保存」。

【金錢的3個作用（功能）】

・標準：以數字表示價值

金錢可以用來代表商品（服務）的價值與代價。

一般而言，金額越高，代價與價值也相對較高。

之所以會說「相對」，是因為「這裡的價值，指的是與其他物品比較之下而成立的價值。」

假設眼前有2顆蘋果。2顆蘋果的大小和外觀都非常相似時，很難判斷哪顆的價值更高。

但是當價格顯示：

「蘋果A……1顆100日圓」

「蘋果B……1顆200日圓」

則表示蘋果B價值較高、蘋果B的價值是蘋果A的2倍。

・交換：可以與價值相等的物品交換

金錢是交換商品（服務）的一種工具。

在以物易物的時代，必須以價值相當的物品互相交換。

假設1條魚與2顆蘋果的價值相當。

擁有魚的A和擁有蘋果的B要以物易物時，必須兩者都同意「可以用1條魚換兩顆蘋果」。

假設A認為「我可以給你魚，但我要3顆蘋果」，B認為「雖然我想要魚，但我不想給你蘋果」，那以物易物就不成立。

此時，出現了以金錢交換物品的機制。

若定價為：

「1條魚……200日圓」

「1顆蘋果……100日圓」

A就可以花300日圓買3顆蘋果，B也可以花200日圓買1條魚。

・保存：為了未來而保存

保存現有價值，也是金錢的作用之一。

即使蘋果有100日圓的價值，但時間一長蘋果會壞掉，價值也會變低（或消失）。

但是錢不會壞掉。因此若用錢交易，就能留下100日圓的價值。

把錢存在銀行、鎖在保險箱中，就能累積財富。

金錢也是一種表達感謝的工具

除了標準、交換、保存之外，我認為金錢還有一個很重要的功能。

那就是表達「感謝」。

・感謝：表達感謝之情

其實付錢和收取金錢的本質都在於「感謝」。

消費者付100日圓買蘋果，也算是對農民、商店等提供蘋果者們感謝的表現。

而農民和商店在收到金錢時，同樣也會出現感謝之情。

◉付錢方

・對別人所做的事，支付金錢表達感謝。

◉收錢方

・因滿足對方的需求，而收到金錢作為感謝（使對方開心的謝禮）。

金錢是支撐經濟的工具，也是表達感謝之情的工具。在交易的背後，錢也蘊含著人們的謝意。

認為「金錢＝感謝之情」的人，在支付金錢時也會帶著滿滿的感謝。因此在獲得金錢時，也不會有多餘的顧慮與罪惡感，而是帶著感謝之情收下。

只要了解「金錢＝感謝」，無論花錢或收下金錢，都會感到心情愉悅。

提高收入就能提升幸福感？

只要有錢，就能得到幸福嗎？

年收入變高，幸福感也會變高嗎？

世界各國一直都在研究金錢與幸福感之間的關聯。

從普林斯頓大學名譽教授心理學家丹尼爾．康納曼（諾貝爾經濟學獎得主）的研究結果，以及內閣府所發表的「《滿意度、生活品質調查》第4次報告」、「生活品質相關調查結果」等資料來看，可以發現「經濟狀況良好與幸福感有一定程度的關聯性」。

・丹尼爾．康納曼的研究結果

幸福感會隨著收入等比例增加。但當年收入達到「7萬5千美元（以1美元＝110日圓匯率來換算，約為825萬日圓）」後，幸福感便會持平，不會再繼續上升。

・**內閣府（經濟社會綜合研究所）「生活品質相關調查結果」**

在判斷是否幸福時，最多人會以家境狀況（所得、消費）來當判斷基準，接著是健康，以及與家人的關係。

・**內閣府（政策統括官）「《滿意度、生活品質調查》第4次報告」**

幸福感（綜合主觀滿意度）會隨著年收入增加而變高。但當家庭年收入達到2到3千萬後即會停滯。

世界上並不存在絕對的幸福和絕對的不幸福

我認為有錢不一定等於幸福。而原因有2個。

第1個原因是「每個人對幸福的標準不盡相同」。

有些人沒有錢仍然很幸福；也有人有錢卻仍然不幸福。

有人雖然賺了很多錢，仍總是心情不好；也有人收入不高，卻總是笑口常開。

這2種人的差別，就在於「感受性」。就算收入和存款再多，若缺乏感到幸福的能力，仍無法消除不平、不滿及不安。

說到底，這世上既沒有代表幸福的現象，也沒有代表不幸福的現象。唯有在我們真正面對事情時，才會開始出現幸福或不幸福、開心或悲傷的感受。

眼前發生的現象明明不具任何意義，但我們卻會自行評斷、評論，並因此感到開心或難過。

例如有些人會因為蛀牙而感到難過。但「蛀牙」這件事和「難過」的感情並不能劃上等號。

即便蛀牙了，也能解釋為「我蛀牙了。但幸好能在惡化之前治好。只要接受治療，就能繼續享受美食，太好了！」

所以這世上沒有代表幸福的現象，也沒有代表不幸的現象。只有感受到幸福與不幸的人。

只要自己覺得幸福，即便沒錢，也可以很幸福。
只要自己覺得不幸，即便有錢，也不會感到幸福。

幸福和不幸並非由我們擁有多少金錢來定義。而是由我們的心，也就是感受性來決定。

之所以「有錢卻不幸福」是因為失去「平衡」

光有錢不一定能得到幸福的第2個原因在於「平衡」。

我接觸過許多有錢人（富裕階級）。（並無關於「有錢人」的官方定義，每間調查公司的標準不盡相同。在日本屬野村綜合研究所的分類最為著名。其將純金融資產達1億日圓以上，未滿5億日圓者定義為「富裕階級」。）

在這些有錢人中，也有分幸福與不幸福的有錢人。

不幸福的有錢人就是**「雖然經濟富裕，但心中缺乏踏實感、充實感、滿足感的人」**、**「明明有足夠的金錢，卻缺乏對幸福的感受度的人」**。

不幸福的人，沒能掌握健康、人際關係、工作、金錢、社會貢獻之間的平衡，因此心靈無法獲得滿足。

幸福的有錢人和不幸福的有錢人之間的差異，就在於開頭所說的「平衡」。

「有3億日圓存款。但無法在工作中獲得成就感。」

「有3億日圓存款。但住院多年，總感到不安。」

「有3億日圓存款。但無法相信任何人，非常孤單寂寞。」

「有3億日圓存款。但不想花任何一毛錢在別人身上。」

若是如此，大概有再多錢都難以感受到幸福吧。

¥ 幸福就是一切達到平衡的狀態

收入、健康、人際關係等各種要素，影響我們是否能感到幸福。

世界最大民調公司蓋洛普耗時50年以上，在世界150個國家調查、分析後，找出了「提升幸福感所需具備的5個要素」。（參考自Discover 21出版社《Wellbeing》吉姆・哈特、湯姆・拉斯／著）

【構成幸福的5個要素】

①工作的幸福

②人際關係的幸福

③經濟上的幸福（金錢）

④身體上的幸福（健康）

⑤社會上的幸福

蓋洛普分析指出「在其中1個要素獲得高分相對簡單，66％的人都能達到。但只有7％的人能同時在5個要素都獲得高分。」

從這個結果可以看出，**「即便在經濟上的幸福獲得高分，但若其他要素的分數不夠高，就難以成為幸福的有錢人」且「即便擁有許多財富，5個要素無法取得良好的平衡便難以獲得幸福」**。

也就是說所謂的幸福，就是這些要素都達到「平衡」的狀態。

¥ 幸福的有錢人會將錢用在「取得平衡」上

那為什麼不幸福的有錢人會失去平衡呢？

我所見過的「不幸福的有錢人」，共通點就在於對「賺錢」或「不花錢」有強烈的執著。

盲目地相信：

「只要錢比別人多，就會比別人幸福」

「所謂的成功人士就是擁有許多錢」

「有錢的人就是對的，沒錢的人就是錯的」

因此他們竭盡心力在賺錢上。

逼退他人，只顧追求自己的利益。

炫富，沾沾自喜。

將賺來的錢用在滿足私慾上。

不幸福的有錢人，缺乏「將錢用在取得平衡上」的想法。

當工作、人際關係、金錢、健康、社會貢獻彼此之間失衡時，對幸福的感知能力就會降低。

進而感到健康狀態不佳、沒有人認同、關心自己、缺乏人與人的交集，感到孤獨、現在的工作不適合自己等。當構成幸福的要素失衡，當然會缺乏踏實感、充實感、滿足感。

而幸福的有錢人，共通點就在於不執著於「賺錢（存錢）」。

他們認為：

「為了避免體力衰退，必須專注在健康方面。」

「才剛開始新的事業，必須先專注在工作上。」

「下屬變多了，現在必須專注在人際關係上。」

並根據自己的生活狀態，在對自己來說必要的項目上用錢，取得平衡。

幸福就是平衡。

想成為幸福的有錢人，**「為取得平衡而用錢」**比「增加金錢」更重要。

人還是應該有錢嗎？還是沒錢也沒差呢？

「只要有錢，就能幸福了嗎？」

針對這個問題，我的答案是「NO」。

若不了解金錢流動、正確的用錢方式、金錢的本質，只是突然獲得大筆金錢，總有一天會招致破產的結果。

但若你問我⋯「有錢比較好嗎？沒有錢也沒關係嗎？」

我會回答你⋯「有錢還是比較好。」

有些人就算沒有錢，還是能夠得到幸福。

即便沒錢，只要認為現在的自己很幸福，便能在那個瞬間得到幸福。並非擁有越多錢就會越幸福。

即使如此，我還是認為比起沒錢，有錢在手比較好。

因為**有錢的人，感受到幸福的機會也會變多**。

「有錢比沒錢好」的4個理由

之所以說有錢比較好，有下列4個理由。

【有錢比較好的4個理由】

①選擇變多

②風險變少

③精神面較穩定

④能貢獻社會、他人

①選擇變多

金錢對於「增加人生中的選擇」來說是不可或缺的。
當沒錢，限制條件就會增加，選擇就會變少。
當有錢，限制條件就會減少，選擇就會變多。

我們會因為沒錢而無法達成某些事。
也會因有錢而能達到某些事。

沒錢時，只有「沒錢用」這個選項。
有錢時，就可以選擇「用錢」，也可以選擇「不用錢」。

假設我們生病了。

有3個治療方式。治療費用分別為「A療法，10萬日圓」、「B療法，50萬日圓」、「C療法，100萬日圓」。

此時若只有10萬日圓，就只能選擇A療法。

但若有100萬日圓，就能在A、B、C中選擇效果最好，且最適合自己的療法。

再假設我們決定開始學習英文會話。

學習方式有3種。費用分別為「買市面上的參考書自學，1萬日圓」、「參加英語會話學校，10萬日圓」、「留學，300萬日圓」。

若只有1萬元，就只有買市面上的參考書自學1種選擇。

但若有300萬日圓，就能在3種學習方式中，找出效果最好，且最適合自己的學習方式。

人生就是一連串的選擇。當然，我們不應只根據金錢做選擇。

但若有錢，就能在眾多的選項中，選擇最好的那個。

若人生中的選擇變多，就能擁有多廣的經驗，進而擁有多廣的思考方式。

②風險變少

有錢能避免某些不幸。

若有錢，就能事先防範「健康問題風險」、「老年破產風險」、「倒閉風險」等未來人生中可能發生的風險。

③精神面較穩定

金錢具有「減少悲傷」的功能。

從各種數據中也能發現，「當經濟狀況穩定，精神層面也會變得健康」。

當食衣住行等人類的基本需求未能獲得滿足，人就無法感到安心、安全。

【金錢的減少悲傷功能】

・英屬哥倫比亞大學的調查結果

調查結果發現「比起幸福，金錢與悲傷的關聯更深」。

心理學家庫什列夫則認為「儲蓄能成為悲傷的緩衝，儲蓄少是痛苦及煩惱的原因」。（參考自livedoor newsらばQ／二〇一五年一月三十日文章）

・美國疾病預防管理中心的調查結果

「過著貧困生活的成人，陷入憂鬱的機率比生活品質較好的成人高出3、4倍。」

・厚生勞動省「二〇二〇年版自殺對策白皮書」的調查結果

依據自殺原因和動機調查之下，發現最多的原因「健康問題」約佔了5成。

而中高年齡層中第2多的原因則是「經濟、生活問題」，約佔3成。其中劃分成男女比例來看，可以發現其中許多男性有「生活困苦」等經濟、生活問題。

④能貢獻社會、他人

我認為，人生的意義就在於為某人（社會）而生。

當有能力奉獻社會時，人類會感覺到喜悅。

然而不幸福的有錢人，對社會貢獻的觀念很薄弱。

奉獻是將自己的力量發揮到極致，幫助他人、為他人提供價值。

而這種力量也包括「金錢」。

當然，就算沒有錢也能奉獻。並不是捐越多錢，貢獻度就越高；捐越少錢，貢獻度就越低。兩者都同樣值得敬佩。

但只要有錢，就能做更多事，讓更多人得到幸福。

奉獻所獲得的快樂難以取代。而人生的充實度，將因是否了解這點而出現差距。

奉獻的機會與奉獻的人數越多，心理就越能得到滿足。

「好的借貸」和「不好的借貸」

日本人對借貸帶有負面觀感，認為「借貸就是不好」、「會借貸的人，用錢的方式太隨便」、「絕對不能借貸」等等。

我倒不覺得借貸絕對是件壞事。

甚至可以說我鼓勵大家借貸。

當然，不應為了玩樂而借貸。

但為提升自己借貸則是好事一樁。

我之所以肯定借貸這件事，是因為我深知「借貸有時能培育公司和人」。

債務其實有分**「好的借貸」**和**「不好的借貸」**。

好的借貸（好債）

例如為了讓自己成長、擴大事業版圖而必須借的錢，以及為了奉獻他人而借的錢。若屬於好債，將能依照規劃償還。

【好的借貸循環】

・借貸

↓

・用借來的錢投資自己（能讓自己或公司有所成長的投資）

↓

・學會新的技能，提升能力

↓

・能力提升後，收入跟著增加

↓

・用增加的收入償還債務

不好的借貸（壞債）

無助於自己與事業成長的借款、為了享樂而借的錢、未用在奉獻他人而借的錢、為得到無法創造價值的物品而借的錢。以及無力償還的債務，或是借貸償還債務，導致多重債務的狀態。

【不好的借貸循環】

・借貸

↓

・將借來的錢用在賭博等沒意義的事情上

↓

・債務不知不覺變多

・為償還債務而開始到處借貸，造成多重債務問題
↓
・無法償還，導致破產
↓

好的借貸會轉換為龐大資產

我個人最傾心的用錢方式，就是「積極自我投資」。而我自己也曾為了自我投資而借貸。

正因深知只要正確投資自己，金錢最終會回到自己身上的道理，因此，我從不吝於投資自己。

有些人會說：「我現在沒錢，所以無法投資自己。」

但我認為仍應在合理的範圍內借貸投資自己。

只要有必要，即使必須借貸（好的借貸），也應該投資自己。只要在成長之後再償還即可。

即使這麼做會暫時負債，但由於能促使公司、自己成長，這些負債終將轉換為大筆資產。

借好債的理由①
借貸後能產生「決心」

我認為好的借貸能成為一種力量。

正因為有債務，讓我們更有動力。不僅能讓人更加認真，也能成為一種磨練。

我的立場就是**好債可以盡量借**。

我之所以建議大家多借好債，主要是因為以下的3個理由。

①借貸後能產生「決心」

②借貸後能換取「時間」

③借貸後能提升在社會上的信用

借貸後能產生「決心」

有些人擔心借貸後還不出來，導致公司倒閉或個人破產。但還錢雖然辛苦，只要能克服那種苦，勢必會讓人成長。只要相信自己的可能性，就會更認真對待工作。

我自己就是因為背負債務，而下定決心。

「一定要償還這筆債務」

「一定要利用這筆債務讓自己有所成長」

「我一定要利用這筆債務，奉獻患者」

……

開牙科醫院需要設備費用、材料費、人事費、租金、電費、機器維修費等。甚至可能需要上億日圓的資金。

由於難以靠自己賺到所有資金，幾乎所有牙科醫院都必須借貸（向銀行融資），我也不例外。

31歲時，我在北海道帶廣開了「井上牙科醫院」。為了開這間牙科醫院，我向銀行融資的金額是「2億日圓」。

當時背著2億日圓債務的我壓力非常大。只要借貸，就會產生償還義務。在還完所有債務前，不能停止還款。

當時我認為經營者加入壽險的原因，是「當無法償還金錢時，必須用自己的生命償還」。並下定決心「只有死或償還債務兩個選項」。

但當時有一個人告訴我，不需要害怕借貸。

那個人就是曾經營公司的我爸。

我曾在爸爸的面前提到「有債務真煎熬」。

當時我爸告訴我3件事。

①不借貸，事業就無法成長

「沒有借貸的事業不叫做事業。若不借貸，就無法拓展事業；無論投資設備還是雇用員工都需要錢。

一間公司之所以會倒閉，並不是因為借了錢，而是因為資金周轉不靈。只要周轉不靈，即便公司賺錢還是會倒。

經營事業，最重要的並非沒有債務。而是即使有債務，仍要讓公司持續成長。若接受融資能讓資金周轉順利，就能穩定公司經營狀況。」

②不需提早還錢

「只要在期限內還款即可。不用急於還款，也不用在短時間內還完。」

③不用犧牲自己的人生

「不應縮衣節食，將省下的錢用來還款。有想做的事就去做；有該做的事就去做。

特別是不應節省用來提升自我的支出。

要是把還款放在第1位，犧牲自己的人生，等同敗給了金錢。但其實我們必須要做的是戰勝金錢。

最重要的是將錢用在滋養自己和公司上，而非優先償還債務。」

獲得爸爸支持後，我開始不再把借來的錢存著不用，而是積極用在自我投資上。

當週五看診結束後，我會從帶廣前往東京。週六和週日在東京參加讀書會，然後再搭週日的末班機回到札幌。抵達後，從新千歲機場坐夜間電車，週一一大早再回到帶廣。

這樣的生活大概持續了6、7年。而我會籌出赴美費用，在紐約大學求學2年，也是為了讓自我成長。

若我將償還債務放在第1順位，應該把週六、週日用來看診、賺錢，最好也別去美國。

但我選擇了「鑽研學習」、「提升技術」、「提升自己的牙醫醫術」。

這麼做的結果就是：

①牙醫方面的技術提升（能處理對其他牙醫來說棘手的問題）

↓

②獲得患者的信任

↓

③來診患者人數增加

↓

④獲利

↓

⑤還債速度加快

↓

⑥獲得金融機構信任
←
⑦再度獲得融資
←
⑧循環回①

產生良性循環。

我深深認為：「為了患者，必須不吝於借貸，努力投資設備、提升技術」。

借貸是為了自己，也是為了患者。

位於北海道帶廣的「井上牙科醫院」之所以受到東京及國外眾多患者青睞，就是因為**「借好債是好事」**這個正確的觀念。

借好債的理由②

借貸後能換取「時間」

借貸的本質其實在於**「爭取時間」及「爭取將來所需的資金」**。

【爭取時間】

假設留學需要花500萬日圓。若要存到500萬日圓才去留學，勢必得花許多時間，只能先推遲留學。但只要學會活用留學貸款，就能夠在最需要學習的時期去留學。在20歲留學，和在40歲留學，將對往後人生中出現的選擇和收入，造成非常大的差異。

若過度執著於「儲蓄」，將損失許多時間。因為必須在存到錢之後，才能開始做你想做的事。

有些歐美精英商務人士，會選擇趁年輕時借貸留學攻讀ＭＢＡ。這是因為他們深知只要得到ＭＢＡ學位，就能躋身年薪千萬日圓的行列。因此從長遠的角度來看，在20幾歲的時候借貸取得學位更有利。

若等存夠錢才開始行動，將可能錯失良機。因此學會在關鍵時刻，借必要的款項至關重要。

若想創造像ＭＢＡ一樣「早期取得便能長久帶來正面影響的資產」，借貸就有其益處。

【爭取將來所需的資金】

至於錢應該去哪裡借呢？答案是金融機構。而用來還金融機構的錢，則是出自於工作所獲得的利潤。

雖說借貸的對象是「金融機構」。但實質上其實是透過金融機構，向**「未來的自**

己借貸」。

借貸能避免「浪費時間」

就我來說，我因為借貸而省下了許多時間。

要還錢，勢必得提升業績。要提升業績，前提就是必須擁有世界上最高水準的技術，讓患者滿意。

為此我拚命努力、拚命工作，生產力低的時間也減少了。

因此得以將心力投注在「真正重要的事」以及「真的有價值的事」上。

借好債的理由③
借貸後能提升在社會上的信用

當我從金融機構獲得2億日圓融資時，我深深體悟到「銀行為井上裕之所訂的標價，就是2億日圓」。

我們無法用金錢衡量生命，生命是平等、寶貴的。這是無庸置疑的事實。

但金融機構必須將經營者的前途數字化，然後借出相應的金額。

無論是否能獲得融資，經營者身為人類的價值都不會有所改變。

生命無價。但我還是不禁將融資金額看作對井上裕之這個經營者的評價。

這「2億日圓」代表當時我的金融價值。

金融機構不會借貸給「無法信任的經營者／公司」、「沒有前景的經營者／公司」。

只要能獲得金融機構的融資，就代表事業展望、前景、經營者這個人受到肯定。

可以說獲得的融資額越多，表示這個經營者獲得了越高的評價。

累積在期限內還款的實績，產生「信用」

金融機構會觀察融資者的借款、還款實績。當接受金融機構融資，並在期限內還款，就會產生「信用」。

向金融機構借1億日圓時，銀行會評斷該公司為「借了1億日圓的公司」。若之後確實歸還1億日圓，評價就會轉為「有能力償還1億日圓的公司」。只要確實遵守期限償還，就更容易獲得下次的融資。

「接受A銀行1億日圓的融資」

並不代表

「公司不借這1億日圓就會出狀況」

而是代表

「這間公司能向銀行借到1億日圓，十分值得信賴」

「這間公司的經營穩定，所以能從銀行借到1億日圓」

所以應該累積「向銀行借貸，並確實償還」的紀錄，與金融機構建立信賴關係。

如此一來，即使面臨新冠肺炎疫情這種時刻，也較容易籌措到所需的資金。

而經營者也會在借貸和還錢的循環下，擴大商業基礎。我認為除了公司之外，個人也能套用這個原則。

與朋友、熟人之間不應有借貸關係

這世界上有兩種絕對不能借貸的對象。那就是「非法金融業者（未經合法登記的業者）」與「朋友、熟人」。

・「非法金融業者（未經合法登記的業者）」

許多金融業者，雖然打著銀行、信託名號，但其實並未擁有執照。若誤信這些未經登記的業者為銀行、信託公司，並向其借款，則可能被捲入金融詐騙事件中。

・「朋友、熟人」

會向「朋友、熟人」借貸的人，多半抱持「不用付利息，能輕鬆還款」、「若只是小額借款，應該願意借我」、「就算晚一點還，應該也沒關係」、「不用審核」的天真心理。

用這種天真的心態借貸，並不是一種「好的借貸」，因 缺乏決心。

無論關係再好，都別借貸給別人

若你的好朋友向你借貸，你會借嗎？此時可能會出現各種看法，像是「視金額而定」、「要看借貸的原因是什麼」、「如果他一定會還我，我就借」等等。

根據一間網路媒體公司實施有關金錢的問卷調查，針對「若朋友向你借貸，你會借他多少（生活費）？」的問題，調查結果如下（參考：株式會社タンタカ「借貸當日獲得融資指南110」，針對500位男女的問卷調查）：

①不會借：35．4%

②5千日圓～1萬日圓以下：21．4%

③1萬日圓～5萬日圓以下：20．8%

④5千日圓以下：17%

⑤5萬日圓～10萬日圓：3．8%

其中回答「不會借」的比例最高。

此外，針對「要是對方延遲還款或不還款時，還能維持現在的關係嗎？」的問題，回答「能」的人佔7．6%，「不能」的人佔92．4%。

根據世界知名金融機構「美國銀行」的調查，超過半數的人都表示「曾因金錢問題失去過朋友」。且根據調查結果可以得知：

「向友人借貸的人當中，有將近75%的人未還完全額」

「為了幫助朋友動用存款，導致自己的生活變拮据」

「催繳讓我感到尷尬」

因此可以得出一個結論，那就是「最好不要借貸給朋友及家人」。

我個人也認為朋友之間最好不要有金錢借貸關係。

與朋友、熟人之間的金錢借貸會衍生「朋友之間產生糾紛」、「使友情出現尊卑關係，互動不復以往」、「即使多年後，仍抱有虧欠感」等問題，容易導致人際關係變質，人財兩失。

過去我也曾為了支持某人的事業，而給予他經濟上的援助。

雖然對方說他一定會還款，但我打從一開始就沒打算要他還錢。

因為我所抱持的心態是要「幫助」、「貢獻」他的事業。

若希望對方還錢的想法太強烈，最後對方卻沒還錢，就會對對方產生不信任，以及擔心對方不會還錢的不安。這種不信任和不安，將轉化為巨大的壓力。

當我在經濟上支援朋友、熟人時，基本上我會把握2個原則。那就是：

「只借就算對方沒還，也無所謂的金額」

「只借給就算沒還錢，關係也不會生變的對象」

若要借貸，請務必遵守以下3個原則。

①當對方借貸的理由是為了「私利、私慾」（例如娛樂和賭博等）時，不要借。

②只借出即便無法回收，也不會影響自己的金額（先設定好上限）。

③只借給「有還或沒還都無妨的人」。

納稅是一種感謝的表現，也是社會貢獻

稅金是國家和地方公共團體為了籌措所需的經費，而強制向國民徵收的費用。

我們所繳的稅，主要用在國民醫療費用、年金、公共事業、教育、警消、垃圾處理費用、經濟協助（支援政府開發）上面。

依據法律規定，我們都有納稅的義務。

但即便如此，還是有很多人不想繳稅，原因是：

「不知道繳出去的稅金被花在哪裡了」

「繳出去的稅金被浪費掉了」（日本會計檢察院指出，日本二〇一八年的「稅務浪費」高達1002億日圓）。

「連沒繳稅的人也能享受行政服務」
「我繳了那麼多稅，也不能享受更多行政服務」
「就算多繳稅，也不會讓公司的業績變好」
等等。認為稅金的使用方式不透明，也感受不到繳稅後所獲得的好處。

了解課稅機制和稅制上的特例

關於稅金，我的看法如下。

●納稅是一種表達感謝的方式，也是一種社會貢獻

能繳稅代表有工作，我認為：
「若井上牙科醫院沒有獲得利潤，就無法繳稅。因此我應該對有工作這件事抱持感謝。而我所繳的「稅金」就代表我的感謝。能夠繳稅是一種福氣。」

「雖然人們會聚焦在稅金浪費的問題上，但事實上稅金仍支撐著我們的生活。之所以能過安心、安全的生活，正是多虧稅金的運用。貢獻社會的形式有很多種，**但繳稅是能貢獻社會最多的方式**。為了回饋社會，應確實繳稅。」

●不應逃稅，但應該節稅

我不逃稅，但有合法節稅。

若想節稅，就必須對「稅金」有足夠的知識。

雖然有人會批評日本的稅制很奇怪、稅金太高，但其中真正了解「稅金機制」的人實在是少之又少。

明明自認「繳太多稅是損失」而感到憤恨不平，但卻不了解自己每年到底繳了多少所得稅（公司為法人稅），又對地方政府繳了多少的住民稅、稅金到底用在哪裡。

許多人明明喊著想節省開支，卻不了解自己繳了多少稅。

拿住民稅來說。公司會從員工的薪水中先扣除住民稅，代為繳納。因此員工較不了解「繳稅方法」。

有人說**「稅金是對無知者的罰金」**。若想付正確的稅額，就不該只顧著抱怨「稅金太高」，而是了解課稅的機制，以及是否有減稅措施，或是否有適用的扣除額機制等。

對稅制的一無所知導致我們白白繳出原本不需繳交的稅金，以及可以靠申告領回的稅金。

第 2 章

讓錢「循環」，進而增加

錢不是用來存的，是用來「流動」的

日本有一句諺語叫作「金錢會在天下間流轉」。

這句諺語通常被用來說明「金錢不會長時間駐足，而會流通於人與人間。就算現在富有，難保某天不會變窮；就算現在很窮，說不定某天仍會變富有。」

通常用來鼓勵人「就算現在沒錢，但只要努力工作，總有一天會變有錢。」

或是用在

「金錢必須被流轉、使用，不應過於小氣。」

「正如血液循環不佳有害健康，世間的金錢若不流通，也會讓經濟變差。」

的形容上。

我個人也認為應該讓金錢多多流動。

因為金錢的循環能促使

「自我成長」

「取得人生的平衡」

「不再為錢煩惱」

「社會貢獻」

為避免無法預期的風險，平時還是有一定程度的儲蓄較好（以公司員工來說，應準備3個月實領月薪；未加入就業保險者則應準備6個月實領月薪）。

但不應以儲蓄和省錢為最終目的。

守財奴（對存錢有異常執著）無法讓錢流動，因此也難以達到經濟自由。

將錢投注在必要的地方，將使金錢產生良性循環。

「金錢的循環」有2個意義

我認為「金錢的循環」有2個意義。
那就是「支援社會的循環」和「能量的循環」。

【支援社會的循環】

金錢會在個人、企業、國家3者間流動。
我們會從客戶、公司獲得金錢（工資）作為勞動報酬，然後將得到的錢拿來購買商品及服務。
而個人及企業會向國家繳稅，並獲得社會保障、補助款、公共服務。
日本的景氣遲遲無法上升的其中1個原因，就是因為「個人和企業不花錢」。
若因為擔心老年生活、前景不明朗等原因而一股腦地存錢，金錢就無法在社會中流通，陷入惡性循環。

只要個人和公司花錢，社會中流通的金錢就會增加，景氣也會變好。景氣變好就會提升薪資，國家的稅收也會變高，使社會保障變得更完善。

【能量的循環】

能量指的是事物所擁有的潛在力量（以物理學來說，就是物體做功的能力）。而金錢也存在著能量。

在「潛意識」的世界中，「我們會受到周圍的人與職場、去處、住家環境、金錢使用方式等各種事物所帶有的能量影響。」

「能量有分好的能量和壞的能量。壞的能量會吸引不好的事；好的能量會吸引好的事情。」

（關於潛意識，請參考接下來的內容）

之所以會「物以類聚」，也是因為自己會與帶有相同能量的人互相吸引。

所謂「好的能量會吸引好的事情」，例如：

- 善待他人↓被他人善待
- 拚命努力↓得到成果
- 投資自己↓提升能力↓賺更多錢
- 花錢在與友人聚餐→加深關係↓認識更多人↓與工作建立連結↓賺更多錢

而所謂「壞的能量會吸引不好的事」，則如：

- 說別人壞話↓被別人說壞話
- 工作態度隨便↓失敗
- 不願把錢花在他人或自己身上↓人生沒有進展↓無法改變自己↓持續低薪

・處在笑容滿面、充滿精神的人身邊，感覺自己也能打起精神
・在沮喪的人身邊，自己也會變得難受
・在憤怒的人身邊，自己也會感到不愉快
・在開心的人身邊，自己也會感到開心

這些情感的傳播，也是來自於能量的牽引。

由於我們看不見「潛意識」和「能量」，因此容易對此感到可疑，但其實這都是可用物理學和腦科學等解釋的「科學」。

若要詳細解釋能量，恐怕會牽涉到量子力學的領域。因此在這裡只要先了解以下概念：

・一切事物都帶有能量（金錢也帶有能量）
・有分好的能量和壞的能量

· **好的能量，是一種能產生好結果的力量**
· **壞的能量是一種會產生壞結果的力量**

花錢時，就會讓金錢的能量循環。

只要正確用錢，就會吸引正確的結果；若無意義地存錢、只將錢用在自己身上，則會吸引壞的結果。

當潛意識遭負能量綁架，對金錢的不安就會浮現

除了牙醫的工作，我還有一項專業。那就是**「潛意識」**。

由於致力於潛意識研究與普及化，我是世界首位受「約瑟夫・墨菲基金會」認證為潛意識大師的人。

約瑟夫・墨菲重視潛意識和想像的重要性。提倡「潛意識法則」，致力將自己與身邊的人引導向成功。

簡單來說，潛意識就是「無意識」。

意識分為能自覺的意識，以及無法自覺的意識。

而能自覺的意識稱為「顯意識」，無法自覺的意識則稱為潛意識（無意識）。意識

常被比喻為「浮在海上的冰山」。

- **水面上的部分（顯露出來的部分）……顯意識**
- **藏在水面下的部分（潛藏在底下的部分）……潛意識**

「顯意識」不過是冰山一角，而其實人類95%的行動是受到我們的潛意識（無意識）支配。

無論是日常的行為、靈感、直覺、判斷、和面對緊急時刻的處理等，都受到潛意識的影響。

潛意識也被稱為「知識的倉庫」，我們過去的記憶和見聞全都存在潛意識裡。

- **當潛意識中充滿不好的能量（負面、攻擊性情緒等）↓導致不好的結果**
- **當潛意識中充滿好的能量（正面、和平的情緒）↓帶來好的結果**

植入潛意識的事，將表現於現實中

當我們的潛意識中，被植入了對金錢的否定和負面詞彙時，就難以正確賺錢、正確使用錢。

就像有些對花錢有罪惡感的人，是因為兒時曾受「父母（大人）散發的負面能量」影響。

「我們家沒錢」、「我們家很窮」等父母的口頭禪，將轉換為負面能量，不知不覺對孩子洗腦，刻畫進孩子的潛意識之中。

約瑟夫・墨菲曾說：

「刻畫進潛意識中的事物，將轉化為現實。只要在潛意識撒下種子，就會收穫相同的結果。」

也就是說受到洗腦，對金錢充滿罪惡感（負面能量）的孩子們，無論有多少錢，還是會有一種「沒錢」的匱乏感。進而學習忍耐，認為不可以花錢、就算想要什麼，也不可以說出來，總害怕「錢會花光」。

若總把「沒錢」掛在嘴邊，等於認同「自己沒有賺錢能力」。

若自暴自棄，抱持「我沒能力賺錢」、「反正我永遠無法當有錢人」的想法，就不會出現動力。沒有動力就不會有行動。沒有行動，就無法改變現狀。不改變現狀，所得就不會增加……。

也就是說，**讓我們身陷沒錢狀態的人，正是我們自己。**

若想抹去沒錢的不安，過自由幸福的人生，就必須：

「不讓潛在意識被負面能量綁架」

「讓潛意識充滿正面能量」

為此，應該要學會正確用錢，勇於花錢。

若在用錢時，總擔心錢會用光、帶有負面想法，「失去金錢的悲傷」和「後悔」就會超越我們獲得時的喜悅。

因此，**用錢的時候，應該帶著感恩的心情。**

用錢時應思考這些錢「能為自己帶來多少價值」

有些人的確以看到存摺數字增加為樂。但若拘泥於存款，將無法充分發揮金錢的力量。

若想過上豐衣足食的人生，就必須考慮「存錢」和「用錢」之間的平衡，讓金錢正確循環。

金錢的價值分為「相對價值」和「絕對價值」。

・相對價值

金額越高，價值越高。不會反映個人的價值觀。

・絕對價值

無論金額高低，價值會根據用錢者的感受變化。

而我會根據**「這筆花費會創造出多少絕對價值」**來判斷是否要花錢。

若要進一步解釋「絕對價值」，就是**「對使用者來說的價值」**及**「個人價值」**。

人的感受無法以金錢換算。有時「對使用者來說的價值」無法單純以價格衡量。

當A蘋果100日圓，B蘋果200日圓時，B蘋果的相對價值較高。

但若A蘋果是「恩人所種的」，或是「重要的人給的」、「一直很想吃吃看的蘋果」時，對這個人而言，A蘋果的價值就超過B蘋果（100日圓以上）。

用錢時最重要的，就是了解「絕對價值」。

不應該只以金額的高低來判斷，重要的是去思考要購買的物品對自己來說有多少價值。

豐富人生，比節省更重要

以我來舉例，以計程車代步、在東京時住飯店、每個月去2次美容院、去私人健身房鍛鍊等等對我來說，都具有絕對價值。

若是以「盡量不用錢」為判斷標準，限制自己的行動，那搭電車比搭計程車省錢多了。但即便如此我還是選了計程車。這是因為我覺得「減輕身體負擔」的價值超越了金錢。

由於我每年有將近一半的時間都在東京度過，於是有人會問我「在東京買房不划算嗎」若單純以金額來考量，直接買房的確比較省錢。

我之所以選擇繼續住飯店，是因為比起支付的金錢，我更重視飯店的保全措施讓我放心、地點很棒，去哪裡都很方便、不用費心打掃做家事、旅館職員會提供協助、可以使用飯店設施等優點。

而我之所以每個月去2次美容院，是因為我擔任講座講師，應保持整潔的形象；會去私人健身房則是因為接受專業指導的訓練效果較佳。

曾有人跟我說：「是因為井上醫師有錢，才能搭計程車代步、住在飯店。一般人就算想這麼做，也做不到。」

我之所以能搭計程車代步、住在飯店裡，並不是因為我有錢。而是因為「感受到這麼做的價值，因此努力工作獲得成果，讓我能花錢做這些事」「為了讓工作獲得成果，而投資自己」

為了過上理想的生活，而賺錢、用錢。這就是我花錢的方式。

人生中最重要的，是充實自己的生活和工作。省錢並非我們的第1順位。

為此我不會一味地忍耐，而是選擇將金錢用在**「對自己來說有價值的事物上」**。

將錢用在「自我成長」與「貢獻社會」上，獲得好的能量

關於「什麼事物具有絕對價值」和「該將錢花在什麼事物上」，我有2大方向。那就是**「自我成長」**和**「社會貢獻」**。

・自我成長

例如參加讀書會、講座，或買書等，將錢花在提升自我技能上。以及將錢花在旅行、看電影、看劇、音樂、藝術鑑賞、嗜好等各種體驗上。

・社會貢獻

將錢用在社會、他人身上，為支援他人而花錢。

不吝於將錢花在「提升自我」和「幫助他人」上。當我們將錢花在自我成長及社會貢獻上，就會獲得「好的能量」，使金錢有良好的循環。

「好心有好報」其實可以用科學解釋

「好心有好報」意指「對別人好的話，最後好報也會回到自己身上」。

而「好心有好報」這句話其實也有科學佐證。

大阪大學研究所人類科學研究科的研究小組，在研究幼兒的日常生活後，發現「友善是會傳染的」。

在實驗對象為3位幼童。

假設「幼童B對幼童A很友善」。

此時看到這狀況的幼童C就會選擇友善對待幼童A。

從實驗可以看出，待人友善的幼童，也較容易受到周遭幼童的友善對待、自己受到親切對待時，也會友善對待周遭的其他幼童。（參考：大阪大学・研究成果リリース／「情けは人の為ならず」を科学的に実証—親切が広く交換される仕組みを幼児の日常生活で初めて確認——」）

而在大人的社會中，友善是會傳染的。

當我們為了社會、他人花錢。有一天金錢就會回到我們自己身上。

打扮是「自我成長」和「社會貢獻」的原因

「服裝儀容」和「打扮」對我來說，具有絕對價值。

我之所以將錢用在打扮上面，並不是因為愛慕虛榮。而是因為我們可以在打扮中，找到自我成長和社會貢獻的價值。

【打扮能促進自我成長的原因】

對我來說，打扮能夠提升自我形象。

法國的革命家拿破崙曾說：「人會試圖去符合制服的形象」。人具有根據服裝採取不同的心情、態度、行動的傾向。

英國赫特福德大學的凱倫潘教授，在關於服裝對心理造成影響的著作《Mind What You Wear》中，下了「服裝能造就自信」的結論。

當她請學生們穿著印有超級英雄圖案的T恤時，很多人回答「好像有自信了」、「感覺自己變強了」。

而我在參加講座、演講，必須站在眾人面前時，之所以會選擇穿著高級品牌的衣物，是因為：

- **能振奮自己**
- **能讓人聯想到美好的未來**
- **感覺自己更能抬頭挺胸了**
- **湧現不該被衣服穿，而是「駕馭衣服」、「成為撐起品牌衣服的人」的念頭**

服裝能大大轉變心情和想法。

由於**所穿著的服裝其實和潛意識有關**，因此若選擇能讓自己有所成長的服裝，心靈和行動都會有所轉變。

【打扮能促進社會貢獻的原因】

我認為「傳遞自己的經驗」也是一種社會貢獻。

假設眼前有1件價值100萬日圓的外套。

若這件外套具有「使用稀有材質」、「全世界只有1件」、「歷史性成功人士曾穿過的古著」等特別的故事背景，我會願意花錢買下。

「購買100萬日圓的外套」並不是為了滿足私慾，也不是為了彰顯社會地位。

而是因為只要穿著這件外套上台，我就能利用這件外套的故事，傳遞「接觸一流的重要性」和「了解價值的樂趣」。

若聽眾的世界觀能因我的話變得寬廣，就是我對聽眾的貢獻。

而傳達「100萬日圓的外套」的美好，也能對生產者、販賣業者的業績做出貢獻。

¥衝動購物後「不後悔」的方法

現在的我已經不會在購物上失敗，也不會後悔自己買了某樣東西。這是因為我已懂得去看事物的價值。

我曾在外國購物網上購買衣服。由於無法試穿，我買到了不合自己尺寸的衣服。

一般來說，買錯尺寸時應該會出現「失敗了」、「浪費錢」的想法。

但我卻認為：「原來使用購物網站時，必須留意衣服的尺寸長度。只要測量衣服長度、肩寬、胸寬、袖長這4處的尺寸，就不會買錯了，真是受益良多。」

以正面的想法看待這件事。

也就是說，不應被失敗、浪費這些負面能量影響，而應該轉換為「學習」的正能量去思考背後意義與經驗價值。

當了解金錢的意義，金錢就會轉換為資產

當了解金錢的意義，金錢就會轉換為「資產」。

只要使用錢，就能發現其價值所在。

花錢時，我們就會去思考花這筆錢，「我們獲得了什麼」。

若不小心衝動購物，開始感到後悔，就應該換個思維，去思考「這個物品對自己的正面效益」。不具意義的花費只是一種浪費。

歸納以上內容，我認為「懂得花錢的人」的特質就是：

- **不吝於將金錢用在自己想做的事、重視事物上**
- **不為私慾，而是為了他人用錢**

只要將金錢使用在自我成長與社會貢獻上，想必能獲得超越金錢的價值。

將錢用在「豐富個人檔案」上

將金錢用在自我成長上，等同於花錢在「豐富個人檔案」上。

對我而言，個人檔案不只是一種自我介紹。

打造個人檔案就是創造「人生的設計圖」

當個人檔案的內容變豐富，就表示你離理想中的自己又更近了一步。

我自己就有非常明確的目標。心中也有自己理想的樣貌。

- **身為醫師，希望自己能為日本建立與歐美並駕齊驅的「牙齒文化」。**
- **身為作家，希望能持續出版改變讀者人生的好書。**
- **身為潛意識界權威，希望能幫助更多人實現夢想。**

我習慣用回推的方式思考。

回推式思考就是先訂定目標和期限，再往回推算實現的過程並落實。

一開始，我先試著想像自己心中的理想是什麼。接著再去推算「為了實現理想，該學習什麼，以及該擁有什麼能力」。

當確定「現在該做什麼事」後，就勇往直前，一步一腳印地持續學習。最終成功豐富了我的個人檔案。

【回推式思考的例子】

◉目標……「建立與歐美並駕齊驅的『牙齒文化』」

・為了「建立與歐美並駕齊驅的『牙齒文化』」，該怎麼做？

↓

・必須了解歐美牙醫的水準及現況。

↓

・為達到此目的，應在外國學習。那麼應該選擇在何時、何地學習呢？

←

・考慮到「想在10年後，靠植牙技術成為當地第一的牙醫」的夢想，在達成之前應在國外學習。

學習的地點就選擇擁有全美最大規模牙科研究設施的「紐約大學」吧。

目前還沒有日本的牙醫從紐約大學CDE植牙課程畢業。

只要參與這個課程，便能成為「日本第一人」。

←

・參加課程，在個人檔案中加上

「第一個從紐約大學CDE植牙課程畢業的日本人」！

←

・為擁有世界級牙醫技術，並與國外有所交集，是否應該也去其他大學學習呢？

←

・在歐美一流醫學大學鑽研。

←

・能在個人檔案中加上

「在賓州大學、哥德堡大學、哈佛大學學習世界級的齒科醫學」

←

・在接近「建立與歐美並駕齊驅的『牙齒文化』」目標的同時，也能傳遞「井上裕之是擁有這些使命與經驗的牙醫」的訊息。

我個人檔案上的「講師、教授」之所以能寫上「前島根大學醫學部臨床教授、東京醫科齒科大學兼任老師、東京齒科大學兼任老師、昭和大學醫學部兼任老師、北海道醫學大學兼任老師、布加勒斯特大學客座講師、印第安納大學牙醫部客座講師、紐約大學牙醫部植牙課程助理指導」這些名號，就是因為我希望能全面並全球性地參與世界中的牙科醫療，在「國立、私立大學」、「東京、日本各地、北海道

（老家）」、「日本、外國」耕耘之下收穫的結果。

個人檔案上沒有內容，是因為沒有將金錢用在學習上

若你個人檔案上沒有東西可以寫、內容貧乏，是因為你沒有目標、理想、未將金錢用在實現理想（學習及自我成長）上。

第一步，應該要描繪出理想，也就是「自己想達成的狀態」。

然後思考**將這個理想轉化為現實時需要什麼，花錢將「所需的事物」**得到手。

如此一來，就能離理想更進一步，個人檔案也將越來越充實。

用PDCA循環改善用錢的方式

PDCA循環是一種利用反覆執行Plan（計畫）、Do（執行）、Check（評價）、Action（改善），持續改善業務流程的方法。

PDCA循環雖然是衍生自生產、品質管理模式的一種循環，但其實也可以運用在「金錢的使用方法」上。

運用這套方法，將能省去浪費，將金錢集中投注在「對自己有價值的事物上」。

Plan（計畫）

用扣除稅金和就業保險後的實領薪水設定預算，確認自己「要將多少錢用在什麼事上」。

假設我們將預算分配為以下3份。

- **消費：生活費（餐費、房租、水電費、電話費等。分為固定和變動費用。）**
- **儲蓄：為因應將來可能遇到的風險所準備的金錢。**
- **投資：用來自我成長和貢獻社會的金錢。**

我們應該做的並非「當生活費有剩，再用來儲蓄和投資」。而是應該從一開始就劃分預算給儲蓄和投資。

DO（執行）

根據預算用錢。

Check（評價）

確認是否有依照自己所訂定的支出比例用錢。

當支出超過計畫時，確認「為何無法照計畫執行」、「在什麼方面花了太多錢」。

首先，應審視消費狀況。

應該先從固定費用（電話費、水電費、定期支付費用等）開始調整消費狀況。由於每個月支出的固定費用差不多，因此先審視過一遍，較方便管理支出。

由於投資費用用於自我成長，不可或缺，因此過度降低金額並非上策。

若因為加入了運動俱樂部，但都沒去、報名了講座，但沒去參加、買了書，但都沒看等原因，導致花費的CP值降低，那並不表示計畫有誤，問題出在「實行的過程」。

Action（改善）

若希望付出的金錢得到相對成果，應該思考「該怎麼做才能持續下去」。會出現3分鐘熱度的問題，表示「目的不夠清晰」。

假設想要「擁有英文會話能力」，一旦目的不夠明確，就容易半途而廢。之所以無法持續而導致浪費錢，是因為對目的的渴望不夠高。

此時應該試著想想「這真的是我想做的事嗎？」，重新思考一次目的。

並想像「達成目的後的自己」。

下定決心，了解「現在若不做的話，就不會有所改變」。

若在行動時擁有無論如何都想試試看、無論如何都想得到手的強烈慾望，勢必會獲得成果。

如此一來便不會浪費錢。

但當你沒有「無論如何都想要」的心情，或沒有明確目的，則沒必要將金錢投注在那方面的學習上。

設定金錢的使用標準

明明收入不比別人差，但就是存不到錢。
這是因為「沒留意支出，用錢時毫無規劃」。
相反的，**會存錢的人的共通點，就是留意「要將多少錢用在什麼地方」。**
若未設下用錢的標準，就難以控制多餘的支出。

金錢是一種有限資源。
當我們將金錢投注在某個地方，就代表無法將錢用在其他地方。為了能不浪費錢，將錢「用在能獲得高報酬的地方」，就必須定期確認金錢的ＰＤＣＡ循環，重新審視收入與支出的平衡。

「很多中樂透大獎的人都破產了」是真的嗎？

我認為「金錢是一種受到感謝而獲得的東西」。

在潛意識的世界中，認為「當獲得的金錢沒有飽含對方感謝的心意時，一旦使用方法不當，就容易對自己招致不好的結果。」

就拿樂透來舉例吧。

我們常看到「中樂透高額獎金的人，把獎金花光破產了。」「因樂透而成為大富翁的人，其中有7成都宣告破產了。」「約三分之一的人在中樂透高額獎金後的幾年以內就破產了。」的新聞。

實際狀況又是如何呢？

有個令人聽了膽戰心驚的故事。在美國，被房東騙走三分之一的財產又被親弟弟所雇的殺手盯上而事業投資也失敗，中獎3個月後就宣告破產的中獎者、被情婦和共犯殺害的中獎者、疑似遭妻子毒殺的中獎者等都真實存在。

在日本，並沒有針對樂透高額獎金中獎者與破產之間關聯的官方調查數據。但瑞穗銀行有針對「1千萬日圓以上高額獎金中獎者」印製名為《【那一天】之後該讀的書》的手冊。

從其中「應優先還清貸款和借款」、「列出中獎後應告知的對象」、「不辭職」、「先冷靜下來」等提醒字句可看出中獎後揮霍獎金導致破產、遭到詐騙、捲入財務糾紛等中獎者有增加的趨勢。

另一方面，也有人（我熟識的人）中了好多次高額獎金，但卻從未發生問題，過著充實的人生。

那麼不幸的高額獎金中獎者，與幸福的高額獎金中獎者之間又有什麼差異呢。簡單來說，差異在於是否了解**「自己的能耐」**。

只要不為一時獲得的大筆獎金亂了方寸，依據自己的能耐花錢，就不會破產。

我的朋友就算中獎，幾億日圓入袋，還是維持著過去的生活模式。

沒有蓋豪宅，打扮也沒有變得更華麗。

他沒打算靠獎金過活，而是繼續工作。只為了「能過得稍微好一點」，以及「為了他人」使用獎金。

即使得到大筆金錢，也不應大幅改變生活

即便得到大筆獎金，也不應亂花錢、改變生活習慣，或辭去工作。

而是應該用來「為了擴大公司規模，用獎金投資設備」、「用來支付父母的照護費用」、「用來拓展視野，體驗各種事情」、「用來支付孩子的教育費用」，以成長和貢

獻為目的使用這筆錢。

只要不失去自我，用「有目的的使用方式」，金錢就會循環，並能讓人過上充實的生活。

此外，不應對樂透獎金與繼承遺產等並非靠自己掙來的錢顯示貪念。也不應貪圖不勞而獲，或將金錢佔為己有。

因為金錢＝感謝。

「能獲得感謝的賺錢方式、用錢方式」才能使人生變得更富足。

父母不應將財產留給孩子的理由

有些人會有「等自己過世後，要將財產留給子孫」的想法。但我卻認為「最好不要將財產（遺產）留給後代」。

天台宗尼僧瀨戶內寂聽女士曾說過：「『不為兒孫買美田』，也無需留財產給孩子。我認為孩子努力工作，獲得相應的回報，能過上更幸福的人生。」（參考自：「瀨戶內寂聽《今日を生きるための言葉》／二〇二〇年四月二十九日刊載」）

而我也有同感。

我之所以認為不應將財產留給子孫，有2個原因。

●可能引起「繼承問題」

無論遺產金額多寡，誰都可能在遺產分割時發生糾紛。

近年來，被迫將財產分配給沒有繼承權的人、發現有私生子、其中1個繼承人想獨佔遺產等遺產分割問題（繼承紛爭）有增加的傾向。

當開始分配遺產，原本感情再好的手足也可能因遺產分割而起口角、關係惡化。繼承演變成一場戰爭，最後甚至可能走到斷絕關係的地步。

●父母「不想讓孩子受苦」的心意，變成負面效果

父母因為擔心孩子的未來，希望能留一些錢給他、不希望孩子吃苦，所以想留一些錢給他的心意，其實並非體貼。

之所以「擔心孩子的未來」是因為不相信孩子能擁有好的未來、不相信孩子的可能性、不相信孩子的能力。

源自於不安和不信任的金錢，會帶著負面能量（不好的能量）。由於潛意識具有「不好的能量會吸引不好的事」的機制，因此即便得到了帶有負面能量的金錢，孩子也無法得到幸福。

真正的財產是「靠自己力量生存的能力」

我也有女兒。我將留給她的不會是金錢。

而是「自立的能力」（靠自己力量生存的能力）。我告訴我女兒：「人生必須靠自己賺錢」、「若妳有目標，爸爸會支持妳」、「父母能給的並非有形資產，而是無形的悟性」。我能做的並非把錢留給她，而是用錢在她身上，培養她自食其力的能力。

具體來說就是給她「接受教育的機會」及「體驗（經驗）的機會」。

「盡可能投資在教育上」是我的教育方針。

我之所以支持女兒去美國留學，是因為我認為「未來的時代，是否有國際化的思維，將大大影響人們活躍的領域、舞台，和時間」。

由於國際化思維「對所有地球人都有幫助」，因此能跨越文化、言語的障礙工作和行動。擁有國際化思維的人，無論到世界的哪個角落，都有活躍的舞台。

遺產並不能保證孩子的幸福。要是孩子沒有「靠自己賺錢的能力」，這筆錢也只能給予一時的幫助。

父母應該留給孩子真正的財產，也就是**「自食其力的能力」**。

最有效增加老年資金的方法

若想消除對於老年生活的不安，就必須「思考人生規劃」。

老年後所需要的資金，將依據每個人的生活、年金金額、支出、是否有年金之外的收入而有所變化。

具體規劃「10年、20年後可能發生什麼重大事件，以及到時候需要多少錢」，並試著計算出大概需要的資金吧（有些網站能試算老年生活所需要的資金）。

只要了解「每個時期需要多少錢」，儲蓄的目標就會變得明確，也能減輕對未來的不安。

思考人生規劃，也就是思考「未來想怎麼過」。

只要了解「自己想做的事」和「自己的目標」後，就不會一味地「省錢、存錢」，而開始「花錢、投資自我」。

¥「用退休劃分人生」的思維將使生活變得窮困

二〇一九年五月日本金融廳的金融審議會所製作的報告書中，『年金不足以支撐老年生活所需的資金。若活到95歲，夫妻總共需要2千萬日圓的儲蓄。』、『除了公家機關給的年金，還需自己努力準備2千萬日圓的老年資金』的內容引起了爭議。

「2千萬日圓」這個金額是否足夠，依據每個人的生涯規劃會有所不同。但我也認為「靠退休金和年金支撐老年所需的資金」不夠實際。

靠自己努力，也就是為自己準備老年後所需的資金。

我們該如何準備老年後所需的資金呢？

好好工作，增加收入是最穩當的做法。

確實有人會想「透過運用資產增加收入」，但「失敗導致資產減少」的風險也會隨之而來。

既然如此，**退休後仍像在職時一樣工作，縮短「老年生活」是最好的方法**。

我曾看過許多能夠在金錢、工作、人際關係、健康、社會奉獻之間取得良好平衡的長者。

他們的共通點，就是「不退休」。

他們並未因年紀到了而想退休，而是希望能工作一輩子。

我自己也從未想過要退休。

我想當一輩子「世界級水準的牙科醫師、作家、治療師、教練」。

我之所以不想退休，並非為了存到老年生活的資金等金錢考量。

而是因為

「想幫上他人的忙」

「想運用自己的知識和技能，奉獻世界」

「想把自己獲得的恩情，回饋社會」

「不想畫地自限，希望能激發自己的可能性」的渴望。

我希望直到人生的最後一刻，都能持續做自己想做的事。我認為不退休的生活方式，無論對自己的經濟狀況，還是對這個社會來說，都十分理想。

若想靠投資賺錢，至少必須認真鑽研「10年」

曾有人與我討論到投資的事。

有人曾問我：「井上醫師有從事投資不動產、股票等資產運用嗎？」

也有人跟我說：「井上醫師對投資不動產有興趣嗎？我手上有不錯的物件。」

然而我只對「自我投資」有興趣。

我不做其他投資的原因主要有3個。

●我對「增加金錢」沒什麼興趣

比起增加金錢，我更重視如何使用、流動金錢。金錢不是用來增加的，而是用來

「使用、流動」的。

我認為只要開啟了「應正確用錢。使用了錢，就會再有錢入袋。然後再使用，就再有錢進來……」的循環，即便沒有那些不勞而獲的所得，也不會為錢所困。

●難以滿足奉獻的需求

其實我並不是否定不動產投資和股票投資等資產運用方式。

但對我來說，就算獲得未經勞動而獲得的所得，金錢會自動匯到戶頭，也無法讓我獲得「對人生的踏實感」，難以滿足我奉獻的需求。

雖然我能理解透過投資貢獻社會、買股票也能支持那間公司的想法，但身為牙科醫師、作家、治療師、教練，我更希望能發揮自己的全部力量貢獻社會。

付出後獲得「感謝的報酬」，對我來說比金錢報酬更有動力。

為「他人的幸福」發揮自己的知識、技能、經驗，終將使自己也獲得幸福。

⑤要靠自己做出投資決策，需要時間

靠投資而成功的人有1個共通點。那就是「不將投資決策交給他人判斷」。相反的，會將是否買賣，委外給專業投資業者決定的人，常常失敗。

有人說「要在一個領域獨當一面，至少需要花上10年」。而資產運用也是如此，至少要花10年，才能靠自己做出正確的投資決策。

考慮到「賺錢、損失，以及認真學習投資10年」所耗費的勞力，我寧可將能量投注在提升牙科醫師、作家、治療師、教練的技能，對社會的貢獻度還比較高。

降低投資風險的7個重點

資產運用經驗較少的人，若突然投資大筆資金，註定會失敗。

若想靠投資賺錢，請務必瞭解以下7個重點。

①不急於獲得成果

②精進知識（付出不亞於投資專家的努力）

③不追隨特定投資者與分析師、部落客（應根據各種資訊和數據，做綜合評估）應自己審慎思考、判斷，並對自己的投資負責

④事先訂好如「當金額有10%的變動，就賣掉」等規則，並遵守

⑤清楚投資目的（若只想盡可能淘金，總有一天會損失慘重）

⑥不將生活費拿來投資

⑦留意分散風險（分散投資對象和投資時間）

在這幾點中，又屬②最重要。若看了以上7點覺得自己做不到的人，建議不要靠投資賺錢。

第3章

讓人生更自由的金錢使用方式

「學習」是穩賺不賠的投資

在我主辦的講座中，有聽眾問我：「若想讓金錢循環，一開始應該做什麼才好呢？該把錢用在什麼上面呢？」

當時我是這麼回答的。

「將錢用在學習上。」

除了取得證照、學習語言、入學考試之外，「提升人應具備的基本常識、生活態度」和「培養對工作的熱情和動力」也包含在學習的範疇內。

我會建議大家投資在學習上，有3個主要的原因。

【推薦學習的3個原因】

① 投資學習不會出現「虧損」

② 能拓展視野

③ 能拓展人際關係

① 投資學習不會出現「虧損」

不動產、股票、房子、車子等資產的相對價值會改變。

自二〇〇〇年以後，股市每幾年就會發生一波下跌動盪。就像雷曼兄弟金融海嘯、二〇一五年中國股災、新冠肺炎導致的國際金融恐慌等。當這些動盪發生使世界經濟陷入危機，資產價值就會崩跌，導致巨大損失。許多借貸投資的人在動盪發生後，被逼得紛紛宣告破產或自殺。

不動產與股票投資不夠穩定。

難以預測會上漲還是下跌、贏或輸。只要進場的時機點不對，就可能招致極大的失敗、損失。

相較之下，**「學習」勢必能得到回報**。學習的成果必定會成為自己的財產，既不會貶值，也不會減少。

我認識的許多成功人士都異口同聲地說：

「即便現在失去一切，我仍有信心能靠自己東山再起。要是給我5年，我一定能獲得比現在更好的成績。」

他們之所以如此有自信，就是因為「學習」。敢斷言自己能「東山再起」，是因為除了專業知識外，他們不吝於在商業、成功哲學、自我啟發、科學、藝術、音樂等領域自我投資，提高「自己」這項資產的價值，持續精進自我。

我自己在學習方面也從不吝於投資。而這些投資也總是能獲得報酬。

對於學習的投資，是這世上最可靠的一種投資。

② 拓展視野

開始學習「牙科」以外的知識，是在我35歲左右的時候。

在那之前的我，一直認為「要成為一流的牙科醫師，只需要擁有醫師的知識和技巧就夠了」。因此從未翻閱醫學書籍以外的書（小說、自我啟發、商務類書籍等），也就是所謂的「專業笨蛋」。

但是，

「不了解常識的專業笨蛋，無法成為一流。」

「若沒有肚量，無法成為一流。」

「若沒有魅力，無法成為一流。」

「若沒有行動力、分析能力、解決能力、邏輯思考能力、溝通能力等隨身技能（無論職業種類都需要的基本技能），無法成為一流。」

直到注意到這點，我才開始將錢用在提高這些人際能力上。

開始學習專業領域以外的知識後，視野也變得更寬廣。

當視野變得寬廣，「就能用與過往不同的角度，以及與他人不同的角度來想事情」。進而能**替自己增加附加價值**。

③拓展人際關係

只要參加講座，便能與不同職業、性別、年齡的人們交流。也能認識講師和舉辦講座的工作人員。

我自己也是**開始在學習上投資後，人際關係才開始變廣，並獲得出版機會等各種收穫**。

除了擔任講座講師外，透過和講座參加者的交流，也有機會能獲得新的見解。

投資在學習上，將為金錢帶來正向循環

若想獲得成果、想賺錢、想過上沒有限制的人生，就應該投資在「學習」上。

只要正確且積極學習，就有機會獲得成果。
一有成果，收入和在社會上的地位也會隨之上升。
當收入提升，就能再繼續投資自己。
投資自己就有機會產生新的報酬，然後再用報酬來投資，產生良性的循環。

有些東西必須先付出金錢才能獲得

「免費講座」和「付費講座」相比之下，我認為參加付費講座的收穫更多。

唯有「花錢獲得的資訊」才會運用在自我成長上。

到目前為止，我已經投資了「1億以上」日圓在學習上。之所以能毫不猶豫，毫不吝惜地投資自己，是因為明白**對自己投資的金錢，最後將回饋到自己身上、回收的報酬將高於投資的金額**。

「付費講座」收穫更多的原因有以下3個。

【付費講座能獲得更多報酬的原因】

①會提升學習方的動力

② 能接觸比自己「更高水準」的人
③ 能接觸高品質的資訊、技術和知識

① 提升學習方的動力

由於參加免費講座，參加者不會有經濟上的損失，因此容易出現「要是有其他更重要的事，就取消講座吧」、「要是無聊，就提早離席吧」、「要是覺得太累，就不要去好了」等想法，使參加意願降低。

另一方面，參加收費講座時，「都付錢了，為了不要浪費，一定要學到東西」的想法就會增強。

只要有「想學到東西」、「不想浪費」的想法，知識的吸收力也會大幅提升。

② 能接觸比自己「更高水準」的人

我曾參加過1場18萬日圓的講座。1年總共有12場，因此參加費用總共是「216萬日圓」。雖然收費很高，但我抱著有學習「更高階的經營學知識」的熱情和決心，決定參加了這系列的講座。

講座的參加者總共有8位，我是其中年紀最輕的人。參加者多為公司年度營業額高達百億至千億日圓的公司高層經營者。而我只是在北海道帶廣的執業醫師，無論實力還是職涯都與他們有天差地別。

免費講座由於開放給所有人參加，參加者中勢必不乏「缺乏學習意願」的人。但會參加要價216萬日圓講座的人，學習意願都非常高。除了講座的講師之外，我也向其他參加講座的經營專家們學了許多事情，也獲得許多刺激與「好的能量」。

也因為我下定決心參加了如此昂貴的講座，讓我得以能與水準高於自己的人們產生交集。

人會受到往來人士的影響。當與高水準的人接觸、學習，就能提升自己的等級。

③能接觸高品質的資訊、技術和知識

其實免費不等於所獲得的資訊水準就一定低。

但對主辦單位來說「有收費就必須提供符合金額（或超越金額）的內容」，因此我們較容易從付費講座中獲得高品質的資訊。

我參加過最貴的講座，是一場針對牙科醫師的課程。「為期3年，要價1千萬日圓以上」。（1堂課30萬日圓）

許多學生都因為太貴、老師的指導太嚴格等理由而退出。最後包括我只有2人一直參加到最後。

多虧從那位醫師身上學到了卓越的技術，我的醫術從此才得以與其他牙醫師有了區別。

只要學到高超的技術，就能提供較高價的醫療服務；提供高價的醫療服務，就能讓醫院的經營穩定。以結果來說，我所得到的報酬遠超過了參加講座的費用。

¥ 投注越多能量，能獲得越多的收穫

從潛意識的觀點來看，也可以發現「付費講座獲得的學習效果高於免費講座」。

在講座上，資訊的能量會相互交流。

而能量具有**「投注越多能量，能獲得越多的收穫」、「與學習意願高的人（帶有好能量的人）共處，也能讓自己提升」**的法則。

因此，投注越多金錢和時間，就能獲得越多回饋（高品質的資訊、技術、知識）。

用錢買「時間」

付錢也可以說是**買時間、借助自己以外的力量。**

若走到某個地點需要花1個小時。搭計程車則能在10分鐘以內抵達，但必須額外支出車費。

假設計程車費為2千日圓。有些人會認為「我沒辦法走路1個小時，所以只能搭計程車」；也有人認為「10分鐘車程就花2千日圓，太貴了」。

我則是這麼想：

「付2千日圓，借助了計程車司機的力量」
「花2千日圓，獲得了50分鐘的時間」

我們無法挽回流逝的時間，也無法直接購買時間。但可以透過支付金錢的方式間接買下時間，或提高時間的價值。

若總認為「很浪費錢」，將什麼事都攬在自己身上，雖然不用花錢，卻花了很多時間。

若因認為「很浪費錢」，而自己處理所有不想做、不擅長、麻煩的事的話，雖然的確沒花錢，卻會累積很多壓力。

時間是有限的。就連在這一刻，時間也不斷流逝著。我們每一刻都在往人生終點前進。既然如此，若不充分利用時間，就難以獲得人生的踏實感。

不要浪費活著的任何一刻。為了將所有時間用在與自己的價值（目的及使命）有關的事物上，就應該要有**花錢買時間**、**花錢借助力量**的概念。

我之所以願意參加昂貴的講座，是因為我認為「借助一流講師的力量，才能抄捷徑，以最快速的時間吸收知識」。

¥ 能量夫妻將金錢用在「節省時間、外包」的原因

二〇一八年三菱綜合研究所發表的報告指出，「家庭年收入達1千萬日圓以上的「能量夫妻」（丈夫年收入達6百萬日圓以上，妻子年收入達4百萬日圓以上，家庭總年收入達1千萬日圓以上的夫妻）」用金錢買時間的想法比一般人強烈。

報告指出能量夫妻「掃地機器人的平均購買率為一般已婚者的2倍」、「不介意購買即食生菜的比例為一般已婚者的1．6倍」等現象。

與總收入未達1千萬日圓的家庭相比，傾向將錢花在能節省時間的服務及商品上。（參考：《THE SANKEI NEWS》／二〇一八年十一月十五日、《日本經濟新聞電子版》／二〇二〇年十二月二十八日）。

能量夫妻會將錢花在「節省時間、外包」的主要原因，是為取得生活與工作之間的平衡。

在工作上獲得佳績，並享受休息時光。

與其抱怨「每天都十分繁忙，沒辦法做想做的事」，不如花錢買時間，「做必要、有價值、有意義的事」，才能過上更符合自我風格的生活。

接觸「一流」事物及服務的意義

在一流的飯店過夜、一流的餐廳吃飯、觀賞一流的藝術作品、用一流的時尚單品包裝自己……。

將金錢投資在「一流」的事物上，並非只是為了奢侈、娛樂、享樂。

的確，若只是虛榮，為了「表現有錢的人設」而亂花錢是一種浪費。

但若是為了「學習」和獲得「觀察力」，而將金錢投資在一流的事物上，則能讓自我成長。

一流的定義很曖昧。正因如此，我們更應該親身接觸「被稱作一流的物品與服務」，並思考：

「為何這會被稱作一流。」
「這和其他東西的差別在哪裡。」
「這東西吸引眾人的祕密是什麼。」
「對我來說，什麼叫作一流。」

如此一來，便能養成分辨好壞（審美觀）、判斷美與善的感受力。

當有了審美觀與感受力，就會改變我們看事情的方式。無論遇到什麼人，接收到什麼資訊，都能分辨真偽，並明白應該相信什麼。

了解一流的意思是……

若想成為一流，最快的方式就是了解一流。

我的任務是成為「一流的牙醫師、一流的作家、一流的顧問、一流的教練」。

為此，我必須先了解一流的本質是什麼。

為了知道什麼才是一流，過去我投資了許多金錢在接觸一流上。

多虧於此，我了解了「到底什麼才是一流」。

我認為一流的條件是：

・不會因一時的成功而停歇，而會為了維持、持續下去而不斷成長

・能生產、持續提供極高的價值

由於更了解一流的條件和一流的定義，我也更清楚自己的方向了。

「想要」這種慾望，能成為提升自己的動力

我們並不需要每天投注資金在一流的事物上。若明明有便宜入手的方法，卻毫不知情，付出更高的價格，就太浪費了。

但我們也不應該一味追求便宜。若眼中只有特價、打折的商品，就難以找到自己真正想要、對自己來說真正有價值的東西。

因此我們應該偶爾努力接觸一流的事物。

當我們了解一流的世界，就會開始產生「慾望」和「夢想」。

像是希望能成為住得起高級飯店蜜月套房的人、想再來這間餐廳吃飯、希望能買名牌，不用顧慮價錢、希望能像這個飯店接待一樣靈活地待客……。

當出現希望成為、想這麼做、想要的想法時，請不要用不可以奢侈、我不配這麼做的想法壓抑這些情緒。

希望成為、想這麼做、想要的這些慾望，將讓我們產生朝這個目標努力、讓自己成為配得上一流的人的動力。

將錢用在「體驗」上，能延續幸福感

有一種東西就和「學習」一樣，「只要曾經擁有過，就不會消失」。那就是「體驗（經驗）」。

物品和金錢會消失，但體驗卻會永遠存在。體驗是一種會留存在自己心中，並累積堆疊的資產。

我們也可以從研究中發現，將金錢用在增加體驗所能獲得的「幸福度」，高於將金錢使用在物品上。

根據哈佛大學商學院社會科學研究家邁克爾・諾頓教授的研究，可以得知「即便買東西的當下幸福度很高，但這種幸福感很快就會消失」。

幸福度之所以會下降，是因為習慣。我們會認為「擁有這個東西是理所當然」。

（參考：CNN．co．jp／二〇一五年十一月二十三日發布內容）

「體驗」僅限於當下，實質的「物品」則會一直留在我們身邊。因此我們普遍認為購買實質的物品能讓幸福延續較久，但其實事實正好相反。

就算時間流逝，體驗會成為無法取代的回憶閃閃發光，並深深烙印在我們心中。

累積「體驗資產」而非金融資產

康乃爾大學的心理學教授托馬斯．吉洛維奇博士也曾下了「人的幸福源自於體驗，而非物品」的結論。

「即使購買了喜歡的商品，當它融入生活後，滿足感會自然而然下降。但在旅行中所獲得的美好體驗和回憶將長時間留存在記憶中，而那記憶能為我們帶來幸福。」（參考：Excite News大紀元時報日本／二〇一九年四月二十三日發布內容）

人生的豐富程度並非取決於我們有多少錢，而是取決於我們做了什麼事、曾有過什麼體驗。比起擁有多少錢，擁有多少體驗更重要。

因此我們應該累積「體驗資產」而非金融資產

透過體驗所感覺到、學到的事，才是讓人成長的最佳資產。

健康是這個時代最重要的資產

我現在最注重的，就是「投資健康（鍛鍊身體）」。我每週會上2次一對一教練課，以及1次個人拳擊練習。除了能鍛鍊身體維持健康，還能讓他人對自己產生信任感與安心感。

除此之外，我也學習了營養學知識，提升飲食品質。

我並沒有對飲食做太多限制，基本上想吃什麼就吃什麼。

但我會去思考攝取與消耗熱量之間的平衡。若某餐吃得較多，就會調整後續用餐的份量、進食時間、烹調方式，找回平衡。

人生百年時代，為了讓未來的人生能過得更加充實，必須懂得保持健康。**用於維持健康的花費，就是一項自我投資。**有些人會認為自己本來就很健康，所以無需額外花錢在維持健康上。

不過一旦失去健康，除了需要花錢治療，還必須花時間休養，而休養期間的收入也會變得不穩。當我們延長健康壽命，就能壓低醫療和照護等的費用。

將錢花在「睡眠」、「飲食」、「運動」上

壽命有分為健康壽命和平均壽命。健康壽命就是日常生活上未出現任何障礙的期間。而平均壽命減掉健康壽命，就是我們「不健康的期間」。

根據二〇一九年三月日本厚生勞動省所發表的「健康壽命相關學者研究報告」，可以發現二〇一六年時的平均壽命為「男性80・98年」與「女性87・14年」。健康壽命則為「男性72・14年」與「女性74・79年」。

平均壽命減掉健康壽命後，「男性為8．84年」，「女性為12．35年」。

也就是說平均壽命與健康壽命之間，有10年左右的「不健康的期間」。

由於「不健康的期間」會提升醫療費大幅增加的機率，因此我們必須在平時就投注金錢在健康方面，縮短不健康的期間。

應將錢花在「預防生病」上，而非花在「生病後的治療」上。

為提升睡眠品質，應該講究寢具。

應該去健身房和按摩，定期保養身體。

應該控制自己少飲酒和吃垃圾食物，選擇當季食材。

應該定期接受健康檢查。

就算握有大筆金錢，或有了名譽和成功，只要不健康，人生就彷彿褪了色。健康才能工作，工作才能賺錢、用錢，讓錢循環。

健康是未來時代最重要的資產。

切勿只因「便宜」而選擇住處

在搞笑藝人的業界，流傳著與住處有關的迷信。

「房租達收入的三分之一，激勵自己，讓自己變紅。」

「故意租房租高到與自己收入不符的房子，再努力成名。」

迷信是依據經驗所得到的教訓、習慣、法則，並沒有科學的根據。

但從我專業領域——潛意識的角度來解讀「住處迷信」後，可以推測出這個迷信

「與住處所帶有的能量有關」。

人是很容易受到環境影響的生物。

人會隨著環境改變而變化。這是因為我們會去適應周遭狀況。

成長中的區域、教育程度高的區域、有許多如美術館和演唱會場館等文化性設施的區域、往來較為活絡的區域、致力於培養新創公司和創業家的區域等，就擁有好的能量。

當我們身處充滿好能量的地方，就會與好的能量產生共鳴。

我們會為了適應住處而開始調整生活方式，讓「好的能量」刻畫進自己的潛意識裡。最終自己也會開始散發好的能量。

搞笑藝人住在房租與收入不符的住處後之所以會變紅，是「他們為了讓收入能負擔房租而努力」的結果，也可以解釋為「受到住處的能量牽引」。

他們會調和所在區域（城市、住處）的能量和自己的能量，最終成為配得上所處環境的人。

¥ 居住環境會大幅影響生活模式

我每週四都會搭末班車到東京，週五到週一上午會在東京工作（週一下午到週四晚上會在井上牙科醫院看診、動手術）。

我的生活據點為北海道帶廣。多虧遠距工作盛行，即便人在帶廣，還是能與東京有連結。

即使如此，我還是每週都會前往東京。這是因為我想親身感受東京的能量。

若純粹要蒐集資訊，我當然可以一直待在帶廣。但藉由網路所接收到的資訊量和「現實」中所接收到的資訊量有差異。

帶廣擁有寬廣、清新、澄澈的自然能量。

然而市中心太遠，就難以感受到「最先進的能量」和「變化的速度」。若想透過出版、演講傳遞富含創意的內容，就必須時時升級自我。

因此我選擇在東京和帶廣2個據點工作。（接收兩者的能量）

居住環境會對自己的行動與生活模式帶來巨大的影響。若你希望在事業上有成績、充實自己的生活、過好的生活，每天都過得很講究，**就不應單以「便宜」這個標準選擇住處**。

將錢用在贈禮上，與重要的人維繫感情

人類是社會性動物。
雖然我們都是獨立個體，但卻無法獨自存活，在生活中勢必與他人產生關聯。
無論運氣、工作、金錢，都是由人所帶來的。
因此，
「為了與人有交集而花錢。」
「為了與人維繫關係而花錢。」
「為了拓展、加深人際關係而花錢。」
都是難免的。

為了與重要的人們維繫緣分，「每年至少應送禮1次」。例如在中元、年終時送禮、生日時準備禮物，或旅行、拜訪時購買伴手禮等。用送禮表達我們平時的感謝。

如拙作《一瞬間的貼心》（大是文化）中所說，近年越來越多公司祭出「廢除虛禮」的政策。

廢除虛禮指的是表面上的禮數。廢除虛禮，主要是用在商業上的詞彙。意指「廢止形式上的禮數和習慣」、「廢止只流於表面的應酬」。

廢除虛禮可望達到降低經費、提升工作效率、避免騷擾問題等好處。

而所謂虛禮則包括公司同事間賀卡、中元節和年終贈禮、參加喪禮與守靈、情人節贈禮、參加飲酒聚會等等。

我能理解公司廢止只流於表面的應酬行為，被義務綑綁的送禮行為並不具有太大價值。

但廢除虛禮指的是廢除「流於形式，未飽含心意、不具意義」的禮數。真正希望能停止的並非彼此之間的關係，而是「流於形式的贈禮」。

中元、年終的送禮行為，原本具有「向平時照顧自己的人送上感謝」的意涵。

比起「物品」，其實真正想獻上的是對對方「感謝的心意」。

我認為不應把這一切全都歸類於「虛禮」。若是飽含心意的贈禮，還是應該將心意傳達出去。

送禮是一種感謝的交流

以我身旁的人來說，工作能力強、深受旁人信賴的人、善於交際的人多半仍會選擇將感謝化為具體行為。

每年只要3千日圓左右便足夠。
應該將我們感謝的心意化為贈禮。
而獲贈方也會帶著感謝的心意收下。

送禮是一種感謝的交流。能提醒彼此的存在，並互相表達心意。
而我認為這種感謝的交流才是金錢正確的使用方式。
選擇禮物所花的時間，「等同於用來思考對方的時間」。
而這段時間，其實才是真正最棒的禮物。

將錢用在打理外表上，代表對對方的重視

身為牙醫、講座講師、顧問，我常會去思考「我希望他人怎麼看我、該如何讓大家看見我的價值、我想給他人什麼印象」，努力透過「外表」傳達訊息。

為了讓自己媒體化、宣傳自己，打理自己的外表（給他人的印象）至關重要。

「外觀與事實的本身往往不相符。」

這句話出自於威廉・莎士比亞的喜劇《威尼斯商人》的其中1個章節。

其實只要換個角度，就可能發現其實外觀充滿了虛假。

但偏偏人類就是會藉由外觀建立第一印象。

若有人問我「人類的外表和內在，哪一個重要？」

我會回答「兩者都很重要」。

第一印象是我們是否能與對方建立良好關係的關鍵。因為我們會以視覺接收到的情報為基準，做各式各樣的判斷。

根據一間轉職仲介所做的問卷調查中可以得知，招募人員在回答「是否錄取與外觀是否有關係？」時，有78・4％的人都回答「其實錄取與外觀有關係」（參考：WORK PORT「採用担当者のホンネ調査～転職活動の常識・非常識～」）。

這裡的外觀指的並非「容貌姿態」，而是「儀容」與「整潔感」。

重視外觀的人就會因第一印象而受到選擇。相反的，不注重外觀的人，無論內在多優秀，仍會因第一印象不佳而被刷掉。

勞動經濟學家丹尼爾・S・哈默梅什的研究指出，視覺對男性終身所得帶來的差距，高達2700萬日圓（參考：《収入2700万円の差がつく身だしなみ》山川アンク／著）。

讓外觀得宜的3個要素

讓外觀得宜的要素有以下3點。
那就是「笑容」、「整潔度」、「有精神」。

①笑容

擁有自然且不造作、讓人感到親切的笑容的人，給人的第一印象便是「這個人看起來很開心」。

②整潔度

包括穿著打扮，乾淨、清新的人，給人的第一印象是「這個人看起來值得信賴」。

③有精神

樂觀活潑的人，給人的第一印象是「和這個人一起，感覺會發生有趣的事」。

笑容、整潔度、有精神並非一種天賦，而是能夠靠投注金錢獲得的。

非常榮幸的，我曾被誇獎「井上老師的笑容真的很棒」。

而我的笑容並不是來自天賦、才能，也不是出自天性。

而是我花錢學習，靠努力學回的笑容。

我接受了專業表情訓練，學到「笑容有分種類」

「要控制笑容，必須控制『瞳孔』」

「脖子擺的位置和姿勢，會給對方帶來不同的印象」等知識。

我認為**擁有崇高人格的人，總是帶著笑容**。

世界頂尖的經營者，甚至會向專業教練學習表情、舉止，特別是笑容。

打理好外觀，等同於站上建立人際關係的起跑線。

將錢用在打理外表上，也代表對對方的重視。

為了避免帶給對方不悅、不信任的感受，並表現出理想的自己，請將金錢用在打理外觀上吧！

第4章

「不會為錢所困的人」的思考方式

越會抱怨「薪水不漲」，越不懂「該如何提升薪水」

前幾天，有一位男性（A先生）問了我以下的問題。

A先生：「公司給的薪水太低了，我很煩惱。該怎麼做才能拿到高薪呢？若薪水遲遲不漲，我考慮要轉職。」

井　上：「你的公司有人事評價制度以及薪資基準嗎？」

A先生：「應該有。」

井　上：「既然如此，關於如何提升薪水和獎金，應該有明確的規則吧。」

A先生：「的確如此。」

井　上：「若有規則，加薪就有跡可循了。**若不知道規則卻希望能加薪，就不這麼**

容易了。」

若明明有做出成績，評價還是很低、明明依循規則，仍遲遲等不到加薪，的確可以考慮轉職。應選擇能合理、公平地評價自己能力的公司。

但若公司明明妥善運用人事制度，卻不懂其中內容，不理解該如何提升自己的薪水、獎金，那Ａ先生也有不妥的地方。

所謂「薪水沒漲」，說不定只是薪水沒有加到自己滿意的水準，但其實還是有依照公司的規定調漲。也可能是Ａ先生努力的方向不對。

明明嘴裡喊著「薪水很低」，卻不了解人事制度、沒確認薪資條，想必難以獲得理想（自己期望）中的薪水。

在抱怨不滿之前，必須先瞭解公司的規則

「我們是中小企業，哪有什麼評價標準。都是社長自己決定的。」

的確，許多中小企業並沒有所謂的人事評價標準和薪資標準。不過雖然沒有明文規定，社長的腦中應該還是有一套準則。

如果是我，就會這麼問社長或上司：

「社長希望員工有什麼特質？」

「社長欣賞哪一種員工呢？」

並且試著在工作上符合社長的期望。

想達到自己的理想薪資，應該擁有什麼技能，該做出什麼成績呢？

只要先確認過條件後，再套用在工作上，最後成果勢必會反映在薪水上。

然而當你已經依照社長期望的方式工作，卻仍未獲得相應的薪水時，就應該開始考慮轉職。

若希望能「獲得高一點的評價」，就應該更關心薪水。

若對於「薪水不漲」有所不滿，第一要務就是先了解公司的規則。知道規則，才知道應該繼續在現在的公司中努力，還是考慮其他職涯。

金錢是工作後所獲得的報酬。只要工作表現好，獲得公司和客人的讚賞，就應得到相應的薪水。

「提升財運的偏方」真的能讓你錢變多嗎？

古今中外，關於提升財運的小偏方、小咒語、傳說不計其數。

「付錢時要在心中默念『請慢走』。」

「將鈔票放入錢包時，應將鈔票依照同個方向擺放，並將人頭面朝下擺入。」

「不能在錢包中堆積收據和零錢。」

「長夾比兩折短夾更容易聚財。」

「在春天時換錢包，有招財之意，較吉利。」

「在支付零錢時，應一手在下方接著。」

「滿月和新月時，面向月亮搖錢包能聚財。」

「掃了廁所就不會為錢所困。」

我也曾被詢問：「井上醫師，您是否有關於錢包的招財妙方？」以及其他提升財運的偏方──我個人並沒有什麼偏方。

因為我本來就使用長夾，鈔票方向整齊一致齊，也不會堆積收據和零錢。與其說是相信這些偏方，不如說我會考慮到錢包的外觀和使用上的方便性。

最應該相信的對象就是「自己」

「相信關於金錢的偏方和小咒語」也是一種重視金錢、在乎錢的表現。因此適度享受偏方的樂趣，並非一件壞事。

偏方和小咒語也能給人一種安心感，讓我們能變得更正向。

就連心理學也能證明「信者得救」這句話。

只要在心中建立「我一定沒問題、我辦得到」等成功的形象，便能緩解不安。

然而，一旦盲目相信偏方和咒語，將使自己陷入危險的境地之中。過度迷信將使心靈失去平衡。

無論多想獲得成功，若只仰賴偏方、咒語、傳說這種來自「肉眼看不見的世界」的力量，則十分不健康。

因為我們所處的世界是「肉眼可見的世界」，也就是「現實世界」。

我周遭「不為錢所困」的人們，都非常理性。

他們之所以不會為錢所困，是透過大腦、身體採取行動，所獲得的結果。

只顧向神祈禱「希望我能有錢」，並無法解決問題。若凡事依靠肉眼看不見的事物，將無法實現遠大的願望。

我們首要應相信的不是運氣，也並非神明，而是「我們自己」。
我們最應該依靠的對象，就是「我們自己」。
無論是什麼願望，都只有「我們自己」能實現。
相信自己的力量，並採取行動。
這就是「提升金錢運」最好的方法。

讓事業更多元化，增加賺錢管道

我的本業是牙科醫師。

除了本業外，我也同時從事寫書、舉辦各種演講、擔任教練、顧問等工作。

雖然工作的職物和業種皆不同，但這些工作的目的都是為了——

「幫助更多人過上更棒的人生」。

從事本業外的工作，除了能「為更多人奉獻」、「幫助患者以外的人」之外，還能增加賺錢、用錢的管道。

對我來說擁有本業外的工作，有3個好處。

【從事本業外的工作（副業）的3個好處】

・能奉獻更多人

以出版書籍來說，這份工作能跨越國界，將資訊傳遞給更多人。

即便我過世，書這種資產仍會持續留存，也能繼續影響後人。

・增加賺錢的管道

當事業變多，賺錢的管道也會增加；當錢變多，就能將更多錢使用在自我成長與奉獻社會上。

收入來源增加，也能減少經濟、社會層面的風險。

・提升本業的價值

在出書和演講所獲得的成績，將轉換為大眾對「井上牙科醫院」的信任。

我希望能將所有事物和「牙科醫師」這個主軸連結。對我來說，牙醫、出書、演講、教練、顧問的工作都與我的本業有所關聯，並非單獨的個體，彼此之間都具有加乘效果。

當我將所有領域之間串在一起來看，而非個別去看本業和副業時，思考和行動的幅度都將變得更寬廣。

魚與熊掌可以兼得

如同「魚與熊掌不可兼得」這個諺語，許多人在同時面臨2項挑戰時，會只選擇其中1項挑戰。

但其實若2件事都是自己真心想做的事，就應勇於挑戰。

在不造成他人、公司麻煩，不勉強自己的情況下，我甚至認為應該同時接受3、4個挑戰。

人類充滿可能性，並非1次只能做1件事。我自身的例子便能應證**「魚與熊掌可以兼得」**。

現在是1個員工也能擁有副業的時代。

這個社會開始能在本業之餘，同時從事「自己想做的事（副業）」

同時追求所有自己想做的事，等於相信自己的潛力。

讓副業成功的3個重點

讓副業成功的重點有以下3個。

① 妥善管理時間

開始一項副業時，「該如何妥善分配時間」是一個重要的課題。

試著「決定優先順序、決定不做什麼事、有效運用空檔」，反覆嘗試、修正，找出本業與副業之間的完美平衡吧。

當能同時從事副業和本業時，就代表自己的能力確實提升了。

②做喜歡的工作

副業應該選擇自己喜歡做的事，而非不想做的事。

由於我們會利用本業結束後的下班時間從事副業，因此若副業非「開心的事、喜歡的事、令人期待的事」，將難以持續下去。

③只為了「錢」

若做副業的目的只是「增加收入」，即便能得到短期、暫時的利益，也難以獲得長期、穩定的利益。

獨立行政法人勞動政策研究、研修機構在二〇一八年發表的《多樣工作方式的發

展與人力管理調查》中，可以發現想從事副業、兼職的理由中（複選題），選擇

「想增加自己活躍的領域。」

「想在各種領域建立人脈。」

「希望能積極獲得公司之外的知識與技術。」

等等，並非以增加收入為目的的回答者各佔超過30％。

因此可以得知，當我們從工作中找出「獲得收入」以外的目的時，也有助於未來的職涯發展。

丟掉「先維持現狀就好」的想法

人類具有「比起未來的利益，會更積極追求眼前利益的傾向」。

在判斷未來長遠的利益和眼前的短期利益時，容易「輕忽未來的利益，以眼前的利益為重。」

這種心理傾向稱為**「現時偏誤」**。

「雖然想減肥，但不小心吃了面前的蛋糕。」

「想要每週設定3天養肝日，但忍不住喝了酒。」

「雖然知道必須讀書，但不小心打了電動。」

「本來決定從這個月開始存錢，但忍不住買了新衣服。」

「不小心就……」、「忍不住……」等諸如此類的行為，都能用現時偏誤來解釋。

會有「不小心就……」的狀況，是因為將眼前利益的價值看得比未來利益更重。

現時偏誤也會影響我們用錢的方式。

現時偏誤較嚴重的人會因為——

・無法以長期觀點來計算家計

・無法規劃如何應對未來的風險

・浪費、揮霍的比例較高

等原因，總是對金錢抱持不安。

當現時偏誤過於嚴重，將容易被「眼前」的狀況困住，無法讓金錢正確循環。

・想得到眼前的「金錢」

為獲得眼前的金錢，而用時間去交換——被眼前的條件吸引，不多加思考便投入工作，最後卻因難以持續而選擇放棄。為了眼前金錢而選擇的工作，難以讓自我成長並奉獻社會。

這種人在「現領1萬日圓」和「等1年後再領，可以拿2萬日圓」的選擇中，更傾向選擇「現領1萬日圓」。

・想獲得眼前的「滿足」

比起投資未來，更容易將錢用在「當下的快樂」上。

也就是沒有去思考現在想花、已花的錢「會對未來帶來什麼樣的影響」。讓「想要」、「想做」的衝動凌駕一切，在不必要的物品和服務上花太多錢。

有大局觀，就不會被「眼前」利益帶著走

為了不被眼前的收入與支出帶著走，我們必須擁有「大局觀」。

大局觀就是對「事物整體」的看法。

大局觀由2個主軸所構成。縱軸為長遠視野，橫軸為修正走向的能力。

・長遠視野

以長期的時間跨度看事情。只要有這個中心思維，就不會介意短期得失。

・導回正軌的能力

也就是發生事情時迅速對應的能力。當發生未曾設想的問題和事件時，能夠迅速修正（當不小心揮霍時，找出事情的原因，並修正或改善自己的行為）。

若不考慮未來、只在乎眼前的事，抱持「只要現在好就滿足了、以後的事以後再說」的想法，將無法使金錢循環下去。

我們不應為眼前的狀況束縛。**無論是賺錢、花錢、存錢，都應先以長期的觀點擬定計畫。**

接受低報酬的工作，會降低自己的價值

前幾天，有人（B）來找我商量一件事。

「有企業找我去演講，對方請我提供演講報價。但我無法決定金額，因為我沒有在眾人前說話的經驗，所以不知道行情價。井上醫師，你覺得我大概要報多少錢呢？」

當我告訴他具體的金額後，B非常驚訝地說：「真的可以報這麼高嗎？」

因此我告訴他：

「演講費是對你工作的評價，因此無需降低價錢。不應因『懶得交涉』、『報太高會讓對方不高興』等理由降低報價。降低報價等同於『自貶身價』、『認同自己只值低廉的價格』。」

訂定工作的薪水（報酬）等同於「訂定自己的價值」。
若總是接受低報酬的工作，會降低自己的價值。
一旦被貼上「就算再便宜他都會接」的標籤，低廉的報酬就會變得稀鬆平常。
導致──

・下1份工作也必須報低價
・難以漲價（業主不願加薪）
・被迫須以低價接洽其他公司的案子

如此更難以與工作相符的報酬。越常接受低廉的薪水，越容易導致收入降低。
要求高額的報酬，有助於提升工作品質。
當訂定較高的金額時，就會認為：
「必須達到與報酬相應的成果才行。」

「必須讓客戶認同、滿意才行。」

進而提升我們的工作品質。

反觀，若訂定較低的價格，就會顯現出缺乏自信和決心的一面。

「要求較高的金額時，若工作表現與收取的金額不符，說不定會被對方抱怨；但若要求較低的金額，表現不夠好也沒關係。」

這種僥倖且缺乏決心的心態，將降低工作的品質。

因此我們應該下定決心並負起責任，收取適當的報酬，努力「回應對方的期待」。

當「想挑戰」的意志高昂，即便錢少也應該接下案件

但即使報酬不高，只要符合以下條件，「即便降低金額也應該考慮接下」。

・對工作內容有興趣
・是自己一直想嘗試的工作
・接下工作，有助於豐富自己的實績
・接下工作，有助於自己的成長
・接下工作，能為更多人奉獻

我自己在面對「令人躍躍欲試的工作」時，也不會執著於條件，選擇接下。這是因為用盡全力、開心地工作，能滿足我對奉獻、求知、成長的需求。

當轉職時被問到期望年薪、作為自由業者交涉報酬、廠商要求提供報價、開始新事業時，記得不應收取過度便宜的費用。

當對方提出的報酬金額低於標準時，可提出市場價格來交涉，或提出自己所期望的價格，向對方確認是否可接受。

成功者的5個共通點①

「不是0就是100」的思維

「在工作上獲得優秀成果的人」（獲得穩定收入、經濟獨立），在習慣與思考方式上有許多共通點。

去了解這些共通點並執行，是賺大錢的最快捷徑。

我見過的「成功者」，具有以下5個共通點。

【成功者的5個共通點】

①「不是0就是100」的思維

②不將一切怪罪給他人與環境

③將失敗與危機視為「機會」

④ **無論再不堪，也要持續努力不懈**
⑤ **無論何時都應該擁有「遠大的目標」**

共通點① 「不是0就是100」的思維

我個人也會以「不是0就是100」來當作判斷基準。
這麼說也許會有人批評，
「只用0或100、黑與白來判斷事情的人，思考過於單一」
「人生除了0或100，還有1到99的變化。無法光以0或100來劃分」
「完美主義者對待自己和他人都很嚴苛」
我並不是在倡導完美主義。我所謂的「不是0就是100」，指的是「果斷行動（或決定想法）」的意思。

若希望獲得成功，就應該：

- **既然決定要做，不應半調子**
- **不做對自己來說沒有價值的事**
- **對於對自己來說有價值的事，應全力以赴**
- **不半途而廢，遇到自己無法接受的事情便應積極處理**

對我來說，金錢和時間應該要集中使用在「非常重要」且「真正具有價值」的事物上。

我會思考「現在自己應該做什麼事」。當確定自己應該做的事之後，就卯足全力，盡自己所能努力。心無旁騖，不留下任何遺憾。

在職棒界，當打擊率達到3成，就會被評為一流強打者。

即便一流強打者明白「10次的打擊，只會成功3次」，但一站上打擊區，還是會發揮自己100%的能力。

若以打擊率100%為目標，使出全力後只能得到「3次成功」，那若不使出全力，更是連3次的成功都無法獲得。

結果就是我們付出的努力和行動所得到的回報。

若獲得好的結果，是因為付出了全力；若只使出一半的努力，也將只能獲得一半的成果。

要做就做到最好，不然就不要做。

若想獲得好成績，就應該使出全力，而不是半調子。若一心一意專注於使出全力上，自然會獲得佳績。

成功者的5個共通點②

不將一切怪罪給他人與環境

人生中所收穫的所有結果，本該由自己承擔。無論發生什麼事，都不是環境或他人的錯，責任在於做出決定的自己。

有些人在遭遇不順時，會認為「會失敗不是自己的錯，是○○的問題。」把責任推到其他人、事上。

只要將責任推給其他人、事上，自我評價就不會降低，能保全自己的利益。

然而若總是都把錯怪在其他人、事上，就勢必會失去2樣東西。

那就是**「成長機會」**與**「信任」**。

●將錯怪在其他人、事上，將會失去「成長機會」

當我們把失敗的原因歸咎於外部，就將失去確認自己的選擇、判斷、行動結果的機會，也等同於失去了成長的機會。

持續交出亮眼成績的人，則會將出問題的原因歸咎於自己的行動與想法。

並且開始以PDCA循環審視原因：

「原來這個做法不會成功。試試別的方法吧。」

「分析看看這個做法失敗的原因吧。」

因此也不會重複相同的失敗。

將失敗的原因歸咎給其他人與事上，與歸咎自己，將大大影響我們成長的速度。

將問題原因歸咎於自己的人，由於會採取改善行動，因此能更快開始成長。

●將錯怪在其他人與事上，將會失去「信任」

若將錯怪在其他人與事上，就能避免失誤所造成的短期損失。

然而，一旦事實被拆穿，就會引起周圍的反感。

即便失誤的原因不在自己，但會反省自己「是否真的盡力了」的人，更容易受人信任。

會受到周圍信任的並非「不會失敗的人」，而是「不將失敗怪在他人身上的人」。

我們應該避免總將自己定位為無辜的一方。

當我們試圖將責任轉嫁給自己以外的人事物時，的確會暫時感到放鬆。在那段時間中，所有的不平都會消失，煩惱也會煙消雲散。

但是這　做並無法解決問題。**不順利的多數原因都不在「外部」，而在自己身上。**

只要不去處理，就不會有所成長。

成功者的5個共通點③
將失敗與危機視為「機會」

若要比較成功與失敗哪個比較常發生，答案是失敗。
那是先有成功還是先有失敗的呢？答案還是失敗。
成功總是接在失敗後頭。

失敗為成功之母。
但這並不表示「越常失敗，就越容易成功、有多少失敗，就會有多少成長」。失敗與成功之間並沒有因果關係。
光是失敗，並無法讓我們抓住成功，只會徒增失敗次數。
為了在失敗過後獲得成功，必須「分析自己失敗的原因，並在下次挑戰時加以改善修正」。

只有不斷重複循環「從失敗中改善」的人，才能將成功手到擒來。

我們耳熟能詳的「危機就是轉機」這句話，也不單純指「只要度過危機，就必定有機會等著我們」的意思。

而是在深陷危機的狀況下，唯有事先想好對策的人才能喚來機會。

機會並非因等待而來，而是靠吸引而來。

若想獲得好成績，就必須不畏風險「放手一搏」

很多人懼怕風險，「不想輸、不想失敗、不想丟臉」。導致不敢跨出第一步，過於害怕會得到不好的結果。

但是在做之前，本來就不可能先知道「結果」，也無法確保將獲得成功。

結果是勝還是敗、是否有好的成績、會不會成功，必須做了才會知道。

想獲得好成績，唯有「放手一搏」。不實際行動，就無法往前進，只會永遠停駐在原地。

就算行動後的結果是失敗，只要把這段經驗變成一種學習就好了。

即便陷入危機、即便失敗，只要從中學習，再跨出新的一步就好了。

成功者的5個共通點④

無論再不堪，也要持續努力不懈

每當認識了業界的領頭羊（在第1線活躍的人），我就會這麼想。

之所以能成為領頭羊，是因為這些人**比誰都要更努力、乍看之下工作能幹，但其實是因為他比誰都努力、非常有幹勁和毅力。**

過去我曾詢問1位外商保險公司中業績達到「日本第一」的業務：「你有上過東尼・戈登的銷售課程嗎？」

東尼・戈登是人稱「保險之神」的業務。

他長達20年以上「每週約訪13位新客人」。並從沒沒無聞的業務，搖身一變為保險界家喻戶曉的人物。

A回答我：「我是一個凡人，就算和東尼・戈登做一樣的事，也不會有成績。所以我必須比東尼・戈登更努力。」

A之所以能成為「日本第一」，就是因為要求自己要「比東尼・戈登還努力」，並不屈不撓持續努力的結果。

美容皮膚科醫師B則是抗老領域的權威。雖說美容皮膚科是個光鮮亮麗的行業，但她卻是能刻苦努力的人。

大學畢業後，她累積了皮膚科醫師的經歷，並前往美國學習世界級的美容醫療。返日後，開始著手開發化妝品。據說還曾推銷過自己的化妝品。

現在的她每年的看診人次高達7千人以上。每年還參加、主講將近100場的學會、演講、講座；同時執筆論文、替世界各地的醫師提供技術指導、對醫療從業人員開辦啟蒙活動。

即便工作量繁重，她卻總是卯足全力。提高時間密度，同時追求質與量。

眾人眼中魅力有型的髮型師C，是一個「工於練習」的人。

我曾問他：「你一開始就剪得很好了嗎？」

他回我：「當然不可能，我很笨拙。」

聽說在新人時期，C每天早上5、6點就會去髮廊「不顧一切地練習」。

現在的他，之所以深受眾多藝人、模特兒信賴，是因為他比誰都努力練習，精進技巧。

若想成為業界的領頭羊，就必須投入全部的自己。

多得是和你一樣努力的人。若維持現在的努力程度，勢必會遭到埋沒。

若想獲得超越目前的成績、也想提升經濟層面，只能付出比他人更多的努力。

關鍵在於「意念是否夠強烈」

該怎麼做才能持續努力下去呢？答案只有提起幹勁、拿出毅力。

我知道很多人聽到「毅力」時，會不由地皺起眉頭。

還有很多人會說「幹勁、毅力這種話只是心靈雞湯啦，跟不上時代了。」

的確，光憑幹勁和毅力並無法交出好成績。其他該有的理論、知識及過程也不可少。只懂得埋頭苦幹，終究徒勞無功。

但最終決定「再努力一下」或是放棄的關鍵，還是在於「意念是否夠強烈」。

幹勁代表不放棄。

毅力代表超越自身限制。

若對自己太好，認為「這種程度就可以了」、「這樣就很好了」、「有做到這點就夠了」，就無法獲得超越現在的結果。

因此我認為為了堅持努力下去，幹勁與毅力不可或缺。

成功者的5個共通點⑤
無論何時都應該擁有「遠大的目標」

這是我和一位商務人士吃飯時發生的事。

餐廳位於建築高層樓，能環視整個東京。在眺望東京時，那位商務人士說了這麼一句話：

「明明眼前的高樓大廈比比皆是，但沒有一棟屬於我。要是這些大樓全都是我的就好了。」

聽到這些話，讓我不禁認為：

「一流的人看的世界就是不一樣。看法也不同凡響。」

「一流的人，慾望也超乎一般人的想像。」

當下，我十足地被他的野心和目標震懾。

他想要的其實不是那些高樓大廈，高樓大廈只是比喻。

他口中「沒有1棟屬於我」的真正意思其實是「連1棟樓都沒有，自己的能力還不夠」、「我還沒成為業界第一」、「必須把目標放在更高的地方」——是對自己的告誡和決心。

¥ 遠大的目標能提升專注力，減少失誤

其實我也擁有遠大的目標。

我之所以對「出版」有野心，是因為我非常想要「擁有改變日本的能力」。以前看安倍晉三前首相的總理大臣就職記者會時，我的心大大受到震撼。這是因為我深深感受到了「出版」的魅力。

「我想像總理大臣一樣，從事用自己的人生保護國民的工作，並想將我的價值觀傳遞到全日本。我不是政治人物，究竟有什麼事是我能做的呢？答案就是持續出

書。牙科醫師的影響力有限，但只要透過書，就能讓影響力更為廣闊。」

我每週都會從帶廣前往東京，並會在每週四的晚上抵達羽田機場。在飛機著陸前，我都會從空中欣賞東京的夜景。每當此時，我心中總是這麼想：「東京有約莫1千4百萬人，但並非所有人都會買我的書，多的是不認識我的人。若連在東京都沒能大展身手，怎麼可能影響整個日本呢。」

並帶著「好，我要更努力」、「這次也要使出全力」的決心，降落東京。

能獲得好成績的人，會將「認同自己的標準」設定得比較高。當然，對於感到滿意的水準也都格外的高。

就算聽到旁人「說什麼傻話啊」、「怎麼可能做得到啊」的嘲笑，也絲毫不介意。

透過刻意設定難以達成的目標，提高認同自己的標準。

他們之所以將目標設定得那麼高，是因為

「唯有擁有高目標，計畫才會變得更縝密，才能將專注力提高到極致。」

「唯有擁有高目標，才能提升行動的品質和速度，並減少失誤。」

結語

¥ 歷時75年，研究出的「幸福條件」究竟為何？

史上關於「人類」最長期的研究，就是哈佛大學所做的「哈佛成人發展研究」。

這場始於一九三八年的研究歷時75年以上，針對2組人的身心健康進行了調查。

第1組人馬在研究開始時，是哈佛大學的2年級生。他們都是在第二次世界大戰中從大學畢業的男性（268人）。

第2組人馬則是一九三九年～二〇一四年之間在波士頓貧民家庭中長大的男性（456人）。

這項調查每隔1年，便會針對724位實驗對象做問卷調查、訪問調查、確認醫療紀錄、血液檢查等。

哈佛醫學院臨床精神醫學教授羅伯特・沃丁格在二〇一五年十一月的「TED Talks」中，談到了透過此研究得知的「讓人生幸福的啟示」。

沃丁格教授對「幸福的條件」下了以下結論。（參考：TED Talks／羅伯特・沃丁格「什麼造就美好人生？為時最長有關幸福的研究成果」）

「從這場為期超過75年以上的研究中，我們可以清楚得知讓人幸福、健康的不是財富，不是名聲，也不是埋首於工作，而是良好的人際關係。」

「孤獨，致命又有害。那些與家人、朋友、團體等有越多交集的人才會愈幸福、愈長壽。」

「重要的並非朋友的數量，也不是有沒有人陪你走過一生，而是和親近的人之間的關係品質。」

「好的關係能維護大腦功能。沒有良好人際關係的人，大腦功能會較快退化。」

從這項研究可以發現：

- **即使經濟不富裕，只要擁有高品質人際關係，就能過得健康又幸福。**
- **人際關係與人類的幸福、健康有直接關係。**
- **即使經濟富裕，但若人際關係品質低落，就難以稱得上是健康、幸福。**

金錢很重要，大多數人都渴望成為有錢人、過得更豐衣足食。

但是人生並非如此單純，不是有錢就能事事順利，有錢更不能買到所有東西。

即便年薪再高，擁有多少儲蓄或老年後的資金，只要人際關係淡薄，就難以獲得幸福。

「愛」的能量將影響人際關係

美好的人生，從美好的人際關係開始建立。

這是不容質疑的事實。

但我們又該如何建立美好的人際關係呢？

我認為答案是**以愛待人、將愛給予他人**。

「愛」的能量將影響人際關係。

所謂的「愛」，就是**想幫上他人的忙、想幫別人做點什麼**的心情。

若有人問我：「井上醫師是為了什麼目的賺錢的呢？」

我會回答：「為了愛」

而若有人問「井上醫師會為了什麼花錢呢？」

我會回答：「為了愛」

我們可以將人類所擁有的「喜、怒、哀、樂」4種情感，大致分為「喜、樂」和「怒、哀」這2種。

潛意識中，喜與樂由「愛」的能量掌管，怒與哀則是由「恐懼」的能量掌控。

當「愛」的能量越高，人就越容易感受到幸福。

就算現在經濟狀況優渥，也不會沈溺於物欲中。更不會讓私利私慾橫行，不會成為金錢的奴隸。

而是會將自己的金錢用在幫助「人」和「社會」上。

如此一來，「愛」的能量就會提升。

日本資本主義之父澀澤榮一在著作《論語與算盤》中曾說「會賺錢也要會花錢」。所謂的「好好花錢」，指的是「正確用錢」。而澀澤榮一所指的「正確用錢」，就是「能幫助社會、他人」的用法。

用正確的方式，使用透過正確的手段所賺來的錢，能促進經濟進步。

即便目前經濟狀況嚴峻，也不應執著於眼前的金錢。

也不應一股腦地存錢。

我們不應忘記「金錢是來自他人感謝的報酬」。

釐清自己真正的理想，並全力以赴去實現。

如此一來，「愛」的能量就會逐漸變高。

若「為了錢什麼都願意做，但卻不願為人做任何事」「以滿足自己的慾望為優先，不管他人的想法」被金錢沖昏頭，就無法獲得任何人的信任。

對金錢抱有執念的人，終將面臨「孤獨」。

人類是否幸福，取決於人際關係。

要使人際關係變好，重點在於將錢用在「為人、為事」上。

並非存夠了錢就能使用，也不是存不到錢就不能用錢。「正因為帶著愛花錢，所以會再得到金錢」才是金錢的循環方式

為他人用錢時，能收穫最多幸福的人其實是自己。

因此我們應該

帶著愛工作。
帶著愛賺錢。
帶著愛花錢。

如此一來，勢必能獲得溫暖又宜人的人際關係（＝極致的幸福）。
若本書能減輕各位「對金錢的焦慮」，身為作者的我，所感到的喜悅將難以言喻。
衷心希望從這個瞬間起，大家在面對金錢時都能帶著愛與感謝的心情。

井上裕之
二〇二一年九月

作者簡介

井上裕之

井上牙科醫院理事長。牙醫學博士、經營學博士。在東京醫科齒科大學等國內外7所大學擔任兼任講師。世界首位獲得約瑟夫．墨菲基金會認證的潛意識大師。於1963年出生於北海道。自東京醫科齒科大學畢業後，由於想提供世界級的醫療服務，而赴紐約大學、賓州大學、哥德堡大學等鑽研醫術後回到老家帶廣開業。醫術廣受國內外好評。也曾在日本節目中介紹最新醫療及快速治療，並受到日本各地患者歡迎。除了牙醫的本業之外，還深入研究世界各地的自我啟發、經營課程、能力開發等領域。並提倡結合了約瑟夫．墨菲博士的「潛意識」與經營學權威彼得．杜拉克的「使命」概念的成功哲學。在全國各地演講，宣導「具有價值的人生態度」。
作品總銷量超過130萬冊。由於取自於自身經驗的故事《自分で奇跡を起こす方法》受到電視節目「奇蹟體驗!難以相信的故事」介紹，造成熱烈迴響。其他還有如《「学び」を「お金」に変える技術》、《本物の気づかい》等著作。

重在如何「用」：
不焦慮人生的用錢法則

出　　版／楓葉社文化事業有限公司
地　　址／新北市板橋區信義路163巷3號10樓
郵 政 劃 撥／19907596 楓書坊文化出版社
網　　址／www.maplebook.com.tw
電　　話／02-2957-6096
傳　　真／02-2957-6435
作　　者／井上裕之
翻　　譯／李婉寧
責 任 編 輯／林雨欣
內 文 排 版／謝政龍
港 澳 經 銷／泛華發行代理有限公司
定　　價／350元
出 版 日 期／2024年2月

國家圖書館出版品預行編目資料

重在如何「用」：不焦慮人生的用錢法則 / 井上裕之作；李婉寧譯. -- 初版. -- 新北市：楓葉社文化事業有限公司, 2024.02
面；　公分

ISBN 978-986-370-646-5（平裝）

1. 個人理財

563　　112021748